Le rivelazioni mistiche quando vengono considerate in linea con la dottrina e la morale cattolica, ricevono l'imprimatur della Chiesa. L'imprimatur è latina "essere stampato". Queste rivelazioni sono destinate a colmare i vuoti lasciati nella Bibbia a causa della censura nei primi giorni della fede cristiana ed anche a causa degli errori di traduzione. Rivelavano le cose che succedono come sono accaduti. Essi <u>non</u> sono fatti per sostituire la Bibbia

*In questa serie*

La Piena Di Grazia: Gli Inizi

La Piena Di Grazia: Merito

La Piena Di Grazia: La Passione di Joseph

La Piena Di Grazia: L'Angelo Blu

La Piena Di Grazia: L'Infanzia di Gesù

Lamb Books

Versione illustrata per tutta la famiglia

# LAMB BOOKS

Pubblicato da Lamb Books, 2 Dalkeith Court, 45 Vincent Street, London SW1P 4HH;

UK, USA, FR, IT, SP, DE

www.lambbooks.org

Prima pubblicato da Lamb Books 2013

questa edizione

001

Testo copyright @ Lamb Libri Nomina, 2013

Illustrazioni copyright @ Lamb Books, 2013

Il diritto morale dell'autore e illustratore è stato affermato

Tutti i diritti riservati

L'autore e l'editore sono grato al Centro Editoriale Valtoriano in Italia per il permesso di citare il Poema dell'Uomo-Dio di Maria Valtorta, da Valtorta Publishing

Situato in Bookman Old style

Stampato e rilegato da CPI Group (UK) Ltd, Croydon, CR0, 4YY

Fatta eccezione per gli Stati Uniti, questo libro è venduto a condizione che essa non deve, a titolo di commercio o altrimenti, essere prestati, rivenduto, locazione, o altrimenti distribuito senza il previo consenso dell'editore in qualsiasi forma di associazione o di coprire diverso quello in cui è pubblicata e senza una condizione simile compresa questa condizione imposta sul successivo acquirente

# ISBN: 978-1-910201-24-4

La

# Piena

Di

# Grazia

*La Fanciullezza di Gesù Cristo*

LAMBBOOKS

## RICONOSCIMENTO

Il materiale contenuto in questo libro è tratto dalla mistica città di Dio da Suor Maria di Gesù di Agreda che ha ricevuto l'imprimatur nel 1949 e anche dal poema dell'uomo Dio (il vangelo come me rivelò), prima approvata dal Papa Pio nel 1948 nel una riunione del Febbraio 1948, testimoniato da altri tre sacerdoti. Ordinò i tre sacerdoti presente "pubblicare questo lavoro cosi com'è". Nel 1994 il vaticano approva gli appelli dei cristiani in tutto il mondo e ha cominciato ad esaminare il caso per la Canonizzazione di Maria Valtorta (Giovanni piccolo).

E' ancora un oggetto di molte polemiche, sia razionale e politico, come lo sono molti grandi opere. Tuttavia, la fede non è un soggetto nè al razionalismo, nè alla politica.

Il poema del uomo Dio è stato descritto da un confessore del Papa Pio come "edificante".

Revelazioni mistiche sono stati per molto tempo la provincia dei sacerdoti ei religiosi. Ed ora sono ottenibile a tutti. Tutti coloro che leggono questo adattamento, che fonde parti della città mistica di Dio e la poesia del uomo Dio, troverà anche edificante. Attraverso questa luce, la fede può essere rinnovata.

Un ringraziamento speciale al Centro Editoriale Valtortiano in Italia per il permesso di citare il poema del uomo Dio di Maria Valtorta, soprannominato Giovanni piccolo, perche non aggiungo nessun materiale nuovo a queste storie, ho scelto di rimanere anonimo.

"... Siano benedetti coloro che accetteranno il dono con cuori semplici e fede. Il fuoco che il Padre ha auspicato oggi si accenderà in essi. Il mondo non cambierà nella sua crudeltà. E' troppo corrotto. Ma essi saranno confortati e sentiranno la sete di Dio, l'incentivo alla santità, crescere dentro se stessi."

Gesù, 22 Febbraio 1944.

La Fuga in Egitto **9**

Il Cammino per l'Egitto **22**

Gesù Rompe il Suo Silenzio **32**

La Sacra Famiglia in Egitto **38**

La Prima Lezione di Lavoro di Gesù **46**

Il Ritorno a Nazaret **50**

Maria Insegna a Gesù, Giuda e Giacomo **55**

Preparativi per il Raggiungimento della Maggiore Età di Gesù e Partenza da Nazaret **69**

Gesù Esaminato al Tempio quando Diventa Maggiorenne **77**

Gesù Si Perde a Gerusalemme **88**

Gesù Discute con i Dottori nel Tempio **95**

# La Fuga in Egitto

All'incirca nel periodo della visita dei Magi, Maria aveva cominciato una novena - una preghiera di nove giorni - di ringraziamento a Dio in ricordo dei nove mesi in cui Ella aveva portato Gesù nel Suo grembo. Ogni giorno Ella offriva nuovamente Suo Figlio al Padre Eterno per la salvezza dell'uomo. In risposta alle Sue preghiere e alle Sue offerte, Ella riceve molti privilegi dall'Onnipotente; che finché il mondo durerà, tutte le Sue richieste per conto dei Suoi committenti saranno concesse, attraverso Lei, tutti i peccatori troveranno salvezza, Ella sarà Redentrice assieme a Cristo e molti altri.

Ma il quinto giorno di questa novena, mentre Ella prega, riceve una visione astratta dell'Onnipotente in cui Egli La prepara alle prove che si prospettano innanzi:

*"Mia Sposa e mia Colomba, i tuoi desideri e le tue intenzioni sono piacevoli ai miei occhi ed Io ne sono*

*sempre rallegrato. Ma tu non puoi completare la devozione di nove giorni che hai cominciato, perché ho in serbo per te altre prove del tuo amore. Per salvare la vita di Tuo Figlio ed allevarlo, tu devi lasciare la tua casa e il tuo paese; fuggi con Lui e il tuo sposo Giuseppe in Egitto, dove dovrete restare finché Io non ordinerò diversamente: perché Erode sta dando la caccia al Bambino. Il viaggio è lungo, molto faticoso e molto massacrante; tu soffri tutto per il mio bene; perché io sono, e sempre sarò con te."*

In risposta, Ella dice:

*"Mio Signore e Padrone, guarda la tua servitrice che ha un cuore pronto a morire per il tuo amore. Disponi di me secondo la tua volontà. Solo questo ti chiedo per la tua immensa bontà, che, tralasciando il mio desiderio di merito e gratitudine, Tu non permetta a mio Figlio e Signore di soffrire, e che Tu riversi tutti i dolori e la fatica su di me, che sono obbligata a soffrirli."*

Il Signore La indirizza a Giuseppe, dicendole di seguire le sue indicazioni per tutto ciò che riguarda il viaggio.

Ella rinviene dalla visione, che riceve in piena coscienza e tenendo Gesù tra le braccia, con il Suo cuore compassionevole profondamente straziato al pensiero delle difficoltà a venire e versa molte lacrime. Giuseppe percepisce il Suo dolore e ne è turbato ma, per umiltà e per rispetto per il suo sposo, Ella nasconde la causa del suo dolore e non dice nulla della visione, attendendo che la Provvidenza faccia il suo corso. Quella stessa notte un angelo parla a Giuseppe nel sonno.

E' notte, non molto tempo dopo la visita dei Magi. Giuseppe si addormenta presto nel suo piccolo letto, nella sua stanza molto piccola - non più grande di un corridoio - il sonno di un uomo al termine di una dura giornata di diligente lavoro. Le imposte sono socchiuse per lasciar entrare l'aria fresca e per svegliarlo con i primi raggi dell'alba. Un sottile raggio di luna filtra attraverso le imposte aperte e lo mostra disteso sul fianco, sorridente in una qualche visione che gli appare in sogno. Un angelo del Signore gli parla nel sonno:

***"Alzati, prendi il Bambino e sua Madre e fuggite in Egitto; lì resterete fin quando io ritornerò a darvi altri suggerimenti; perché Erode sta cercando il Bambino per togliergli la vita"***

Il sorriso di Giuseppe si tramuta rapidamente in un'espressione di ansia, egli sospira profondamente, come qualcuno che ha avuto un incubo e si sveglia di soprassalto.

Egli si siede sul letto, si stropiccia gli occhi e si guarda intorno, verso la piccola finestra da cui filtra la flebile luce.

E' il cuore della notte ma egli prende la sua veste da dove giace ai piedi del letto e, ancora seduto sul letto, la infila sulla bianca tunica a maniche corte che indossa a contatto con la pelle. Si libera dalla coperta, poggia i piedi per terra, cerca i suoi sandali, li indossa e li allaccia. Alzandosi, accende una piccola lampada a olio e, portandola con sé, avanza di qualche passo verso la porta di fonte al letto - non quella a lato del letto che porta alla stanza in cui erano stati ricevuti i magi.

Delicatamente con la punta delle dita egli bussa, attende una risposta ed apre con cura la porta, silenziosamente, la socchiude ed entra. E' una stanza leggermente più grande, con un letto basso posto accanto a una culla. La stanza è leggermente illuminata da un lume, che tremola come una stella lontana emanando una tenue luce dorata.

Maria è inginocchiata accanto alla culla in un vestito leggero, pregando e osservando Gesù, che dorme beatamente, bello, roseo e biondo, con la sua testa riccioluta affondata nel cuscino e un pugno stretto sotto il mento.

"Non stai dormendo?" Chiede Giuseppe a bassa voce, alquanto sorpreso. "Perché no? Gesù non sta bene?"

"Oh, no! Lui sta bene. Sto pregando. Dormirò più tardi. Perché sei venuto, Giuseppe?" Chiede Maria, ancora in ginocchio.

"Dobbiamo andare via da qui subito" dice Giuseppe in un sospiro concitato. "Dobbiamo farlo subito. Prepara il baule e un sacco con tutto ciò che riesci a metterci. Io preparerò il resto... prenderò tutto ciò che posso... dobbiamo fuggire all'alba. Andrei via prima ma devo parlare con la padrona..."

"Ma perché questa fuga?"

"Te lo dirò dopo. E' per Gesù. Un angelo mi ha detto: 'Prendi il Bambino e Sua Madre e fuggite in Egitto.' Non perdiamo tempo. Vado a preparare ciò che posso."

Sentendo nominare l'Angelo, Gesù e la fuga, Maria comprende che il Suo Bambino è in pericolo, che la profezia di Simeone sta cominciando ad avverarsi e balza in piedi, con il volto più pallido della cera, tenendo una mano sul cuore in angoscia. In breve tempo, veloce sui suoi passi e ordinatamente, Ella pone un grande sacco sul letto e comincia a infilare vestiti sia in un baule sia nel sacco sul letto. Sebbene sia profondamente angosciata, Ella rimane calma. Ogni tanto guarda il Bambino che dorme beatamente nella culla mentre Ella gli passa accanto.

"Hai bisogno di aiuto?" Chiede Giuseppe di tanto in tanto, sbirciando attraverso la porta socchiusa.

"No, grazie" risponde Maria ogni volta.

Quando il sacco è pieno e chiaramente molto pesante, Maria chiama Giuseppe per aiutarla a chiuderlo.
Preferendo farlo da solo, Giuseppe porta il lungo sacco nella sua piccola stanza.

"Porto anche le coperte di lana?" Chiede Maria

"Porta tutto quello che puoi. Perderemo il resto. Porta proprio tutto quello che puoi... le cose torneranno utili perché... perché dovremo stare lontano per molto tempo, Maria!..." Dice Giuseppe tristemente.

Maria sospira profondamente mentre piega le Sue coperte e quelle di Giuseppe.
"Lasceremo le trapunte e i tappeti..." dice Giuseppe mentre lega le coperte con una corda. "... Anche se prendo tre asini, non posso sovraccaricarli. Faremo un viaggio lungo e scomodo... in parte sulle montagne e in parte nel deserto... copri bene Gesù...

... Le notti saranno fredde sia sulle montagne sia nel deserto... ho portato i doni dei Magi perché saranno molto utili laggiù. Spenderò tutti i soldi che ho per comprare gli asini... non possiamo rimandarli indietro per cui dovrò comprarli... ora vado, senza aspettare l'alba... so dove trovarli... Tu finisci di preparare tutto." Ed esce.

Maria raccoglie un po' di altre cose, guarda Gesù, poi esce e ritorna con alcuni vestitini che sembrano umidi; forse lavati solo il giorno prima. Li piega, poi li avvolge in un telo e li aggiunge alle altre cose. Non c'è nient'altro.

Si guarda intorno un'ultima volta e, in un angolo, vede uno dei giocattoli di Gesù: una pecorella di legno scolpita, mordicchiata sulle orecchie e con tracce dei dentini di Gesù tutto intorno. La prende, singhiozzando, la bacia e accarezza l'oggetto senza valore; un semplice pezzo di legno di grande valore affettivo per Lei perché Le comunica l'amore di Giuseppe per Gesù e Le parla del Suo Bambino. La aggiunge alle altre cose poste sul baule. Adesso, davvero non c'è nient'altro.

E' ora di preparare il Bambino.

Va verso la culla e la scuote dolcemente per svegliarlo, ma Lui piagnucola un po', si gira e continua a dormire. Maria dà delicatamente un colpetto ai suoi riccioli e Gesù apre la Sua piccola bocca sbadigliando.
Piegandosi in avanti, Maria Lo bacia sulla guancia e Gesù apre gli occhi, vede la Sua Mamma, sorride e allunga le Sue manine verso il Suo seno.
"Sì, amore della Tua Mamma! Sì, il Tuo latte. Prima dell'ora consueta... Ma Tu sei sempre pronto a succhiare il

seno della Tua Mamma, Mio piccolo Agnello santo!"

Gesù ride e gioca, scalciando con i Suoi piedini fuori dalla coperta, muovendo le braccia felicemente in un modo tipicamente infantile, così bello da vedere. Egli punta i piedi sullo stomaco della Sua Mamma e inarca la schiena, piegando in avanti la Sua testa bionda sul Suo seno e poi si butta indietro e ride, tenendo tra le mani i lacci che legano al collo il vestito di Sua Madre, cercando di aprirlo. Sembra ancora più bello nella Sua camicetta di lino, paffuto e rosato come un fiore.

Chinandosi e guardando attraverso la culla come per protezione, Ella piange e ride allo stesso tempo, mentre il Bambino parla, pronunciando parole che non sono le parole di un bambino piccolo; tra le quali la parola "Mamma" viene ripetuta molto chiaramente. Sorpreso nel vederla piangere, Egli allunga una manina verso le scintillanti tracce delle lacrime, bagnandosi la mano mentre tocca il Suo volto. Poi, con molta grazia, si piega, un'altra volta, sul seno di Sua Madre, aggrappandosi ad esso, toccandolo con la mano. Ora gli è stato messo il Suo vestitino di lana e i Suoi sandali sono stati legati ai Suoi piedi.

Ella lo allatta e Gesù succhia avidamente il buon latte di Sua Madre. Quando sente che dal Suo seno destro ne arriva solo un po', cerca il sinistro, ridendo e guardando

Sua Madre mentre fa questo.
Poi si addormenta di nuovo sul Suo seno, con la Sua piccola guancia rosata poggiata sul bianco seno rotondo.

Lentamente, Maria si alza, lo distende delicatamente sulla trapunta del Suo letto e lo copre con il Suo mantello. Poi torna alla culla e piega le Sue copertine.
Si chiede se debba portare anche il materassino. E' così piccolo... Si può portare.
Lo mette, insieme al cuscino, con le altre cose che si trovano già sul baule. E piange sulla culla vuota, povera Madre, perseguitata nella Sua piccola Creatura.

Giuseppe ritorna.
"Sei pronta? Gesù è pronto? Hai portato le Sue coperte e il Suo lettino? Non possiamo portare la Sua culla ma deve avere almeno il Suo materassino; povero Bambino, di cui stanno cercando la morte!"

"Giuseppe!" Esclama Maria, afferrando il braccio di Giuseppe.

"Sì, Maria. La Sua morte. Erode Lo vuole morto... perché ha paura di Lui, quella bestia schifosa, per il suo regno umano, ha paura di questo Bambino innocente. Non so cosa farà quando si accorgerà che è fuggito. Ma sarà lontano allora. Non credo che si vendicherà cercandolo fino in Galilea. Sarebbe molto difficile per lui accorgersi che siamo Galilei, tanto meno che siamo di Nazaret e chi siamo precisamente... a meno che Satana non lo aiuti per ringraziarlo di essere un suo fedele servitore. Ma... se ciò dovesse avvenire... Dio ci aiuterà lo stesso. Non piangere, Maria. Vederti piangere per me è un dolore più grande del dover andare in esilio."

"Perdonami, Giuseppe. Non sto piangendo per Me stessa, o per le poche cose che sto perdendo. Sto piangendo per te... Hai già dovuto sacrificarti così tanto! E adesso, un'altra volta, non avrai clienti, né una casa. Quanto ti sto costando, Giuseppe!"

"Quanto? No, Maria. Tu non mi costi. Tu mi conforti. Sempre. Non preoccuparti per il futuro. Abbiamo i doni dei Magi; ci serviranno per i primi giorni. Dopo, troverò lavoro. Un bravo e abile lavoratore si farà sempre strada. Hai visto cosa è accaduto qui; non ho abbastanza tempo per tutto il lavoro che ho."

"Lo so. Ma chi allevierà la tua nostalgia per la tua terra natia?"

"E che mi dici di Te? Chi allevierà il desiderio della Tua casa che Ti è tanto cara?"

"Gesù. Avendo Lui, ho ciò che avevo lì."

"Ed io, avendo Gesù, ho la mia terra natia, su cui riponevo le mie speranze qualche mese fa. Ho il mio Dio. Puoi vedere che non mi manca nulla di ciò che mi è più caro. L'unica cosa importante è salvare Gesù, allora abbiamo tutto. Anche se non dovessimo più rivedere questo cielo, o questo paese o anche il paese più caro della Galilea, avremo sempre tutto perché avremo Lui. Vieni, Maria, è quasi l'alba. E' tempo di dire addio alla nostra padrona e caricare le nostre cose. Andrà tutto bene."
Maria si alza ubbidiente e indossa il suo mantello, mentre Giuseppe prepara un pacchetto ed esce portandolo con sé.

Maria solleva il Bambino con delicatezza, Lo avvolge in uno scialle e Lo stringe al Suo cuore. Guarda i muri che sono stati una casa per Lei per alcuni mesi e li tocca accarezzandoli con una mano. Felice casa che ha meritato di essere amata e benedetta da Maria!

Ella si reca, attraversando la stanza di Giuseppe, nel salone, dove la padrona, in lacrime, Le dice addio e, alzando l'orlo dello scialle, bacia la fronte di Gesù, Che dorme beatamente. Scendono i gradini esterni.

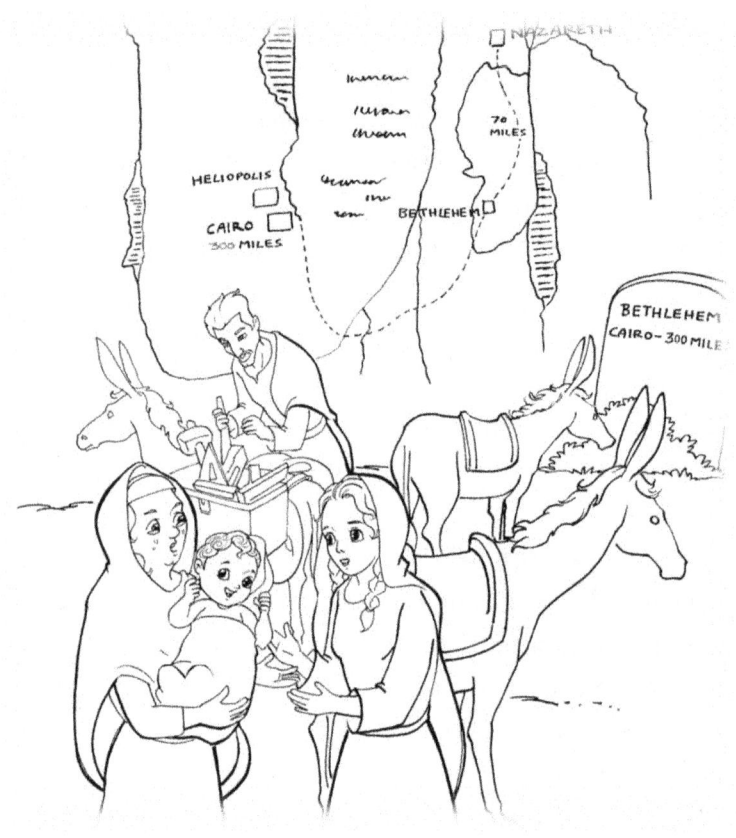

Nella tenue prima luce dell'alba si intravedono tre asini; il più forte è carico di oggetti e beni. Gli altri due sono sellati. Giuseppe è impegnato a legare il baule e i pacchi sulla sella portapacchi del primo. I suoi attrezzi da carpentiere sono legati in un fagotto in cima al sacco.

Ci sono altre lacrime e saluti, poi Maria sale sul piccolo

asino mentre la padrona, tenendo Gesù tra le braccia, Lo bacia di nuovo. Poi Lo porge indietro a Maria.
Giuseppe lega il sua asino a quello carico di oggetti in modo da essere libero di tenere le redini dell'asino di Maria. Infine, egli sale.

E' circa il 9 a.C. e Gesù non ha ancora un anno. La fuga comincia mentre Betlemme dorme beatamente, inconsapevole del pericolo che incombe su di essa, forse ancora sognando la scena fantasmagorica della visita dei Magi.


Un angelo appare ai Magi sulla via del ritorno e li avverte delle intenzioni malvagie di Erode che, temendo follemente che Gesù lo privi del suo regno, ha intenzione di trovare e uccidere il Messia. Ancora una volta la stella appare e li guida lontano dal palazzo di Erode e indietro fin dove si erano incontrati al di là del Mar Morto, dove prendono strade diverse. Quando Erode si accorge di essere stato ingannato, ordina il massacro di tutti i bambini nelle vicinanze di Betlemme.

# Il Cammino per l'Egitto

Attraverso l'obbedienza, la Provvidenza ha predisposto che, al giungere di questo giorno di fuga, la sacra famiglia dovrà partire dalla Giudea e non da Nazaret.

Fuggendo nel silenzio e nel buio della notte, Maria e Giuseppe hanno molto di cui preoccuparsi poiché non sanno cosa accadrà nel loro viaggio, quando finirà, come se la passeranno in Egitto da perfetti sconosciuti, quali mezzi troveranno lì per allevare il Bambino o anche come Lo proteggeranno durante la traversata. Essi hanno trecento miglia da percorrere per la loro destinazione in Egitto, di cui duecento in pieno deserto in condizioni invernali. Ciononostante, Maria è determinata a non ricorrere all'uso di miracoli per le loro necessità, per quanto potranno badare a se stessi con il proprio impegno.

Sono accompagnati da diecimila angeli visibili a loro in forma umana, che offrono omaggio e servizio, e li informano che è volontà di Dio che essi La guidino e La accompagnino nel viaggio. Subito si dirigono verso il deserto di Bersabea, fermandosi a Gaza per due giorni per far riposare se stessi e i loro asini. Sin dai primi giorni di vita di Gesù, notizie di ripetuti miracoli ovunque Cristo si recasse hanno attirato l'attenzione di folle e di gente di potere, facilitando Erode e i suoi uomini nel trovare rapidamente il Bambino Dio fatto Uomo.

Durante il riposo di due giorni, si compiono molti miracoli; molte malattie vengono curate, alcuni malati sono salvati dal pericolo di morte, una donna storpia torna a usare le gambe e molte anime sono ravvivate, ma Maria e Giuseppe non rivelano chi sono, da dove provengono, né dove sono diretti per evitare che le notizie raggiungano Erode.

Il terzo giorno ripartono e presto oltrepassano i luoghi disabitati della Palestina ed entrano nel deserto di Bersabea, dove viaggeranno per sessanta leghe prima di raggiungere la destinazione finale in Egitto.

Dio permette al suo Figlio Unigenito, con la sua santissima Madre e Giuseppe, di soffrire i disagi e le difficoltà naturalmente legati al viaggio attraverso il deserto ed essi sopportano le loro difficoltà senza lamentarsi, sebbene siano particolarmente addolorati di non poter alleviare, con i loro sforzi, le difficoltà di loro Figlio. Essi riescono a percorrere solo una breve distanza ogni giorno e la traversata dura trenta giorni per la difficoltà di attraversare le profonde sabbie, oltre a cui essi soffrono la mancanza di un rifugio soprattutto di notte, nella condizioni invernali che già predominano nel deserto di giorno e precipitano di notte.

La prima notte si fermano ai piedi di una piccola collina; l'unico riparo che riescono a trovare.

Con il Bambino tra le braccia, Maria si siede per terra con Giuseppe e si dividono uno scarno pasto di frutta e pane acquistato durante la sosta di due giorni, e Maria allatta Gesù al seno. Gesù, da parte Sua, rende Maria e Giuseppe felici per la Sua contentezza.

Giuseppe costruisce una piccola tenda con il suo mantello e alcuni rami, come riparo di fortuna dall'aria aperta per Maria e Gesù, mentre lui dorme per terra con la testa appoggiata al baule e così trascorrono la prima notte nel deserto gelido, sorvegliati da vicino dagli angeli.

Maria sente che il Suo Figlio divino sta offrendo tutte le loro difficoltà al Padre Eterno e si unisce a Lui per la maggior parte della notte, concedendosi solo un breve sonno.

Ma la loro piccola riserva di frutta e pane si esaurisce molto presto e arriva la fame. Dopo alcuni giorni nel deserto devono viaggiare tutto il giorno senza cibo fino alle nove di sera. Senza mezzi per provvedere a se stessi, Maria prega il Padre Eterno dicendo:

*"Eterno, grande e potente Dio, Io Ti ringrazio e Ti benedico per la tua magnifica ricompensa; e perché, per la Tua misericordiosa compiacenza, senza il mio merito, mi hai donato la vita e l'esistenza e mi mantieni in essa, benché io non sia altro che polvere e una creatura inutile. Non ho reso una ricompensa appropriata per tutti questi benefici, pertanto come posso chiedere per me stessa ciò che non posso ricompensare? Ma, mio Signore e Padre; guarda al Tuo Figlio Unigenito e assicurami quanto è necessario per sostenere la mia vita naturale e quella del mio sposo, in modo che io possa servire la Tua Maestà e la Tua Parola resa carne per la salvezza degli uomini."*

Affinché le richieste della più dolce Madre possano seguire a sofferenze ancora più grandi, il Supremo permette che gli elementi li affliggano ancora più del solito, aggiungendosi alle sofferenze causate dalle fatiche e dalla fame in modo che, ascoltando le preghiere ammissibili della Sua sposa, Egli possa provvedere anche a queste per mano degli angeli. E così si alza una furiosa tempesta di vento sferzante e pioggia, tormentandoli e accecandoli.

Maria avvolge Gesù e cerca di proteggerlo nel migliore dei modi, ma il Suo tenero cuore si addolora profondamente quando Gesù, delicato com'è, piange e rabbrividisce per il clima tempestoso.

Infine Maria usa il Suo potere di Madre di Dio, ordinando agli elementi di non affliggere Suo Figlio ma offrirgli piuttosto rifugio e sollievo e infliggere la loro vendetta solo su di Lei. La tempesta si attenua immediatamente, risparmiando sia la Madre che il Bambino.

Come ricompensa per questo pensiero amorevole, il Bambino Gesù ordina ai suoi angeli di soccorrere la Sua generosa Madre nella tempesta. Essi costruiscono immediatamente un magnifico globo attorno e al di sopra del Dio Incarnato, di Sua Madre e del Suo sposo e così li proteggono e li difendono per il resto del loro viaggio nel deserto.

Essi portano anche del delizioso pane, frutta di stagione e una bevanda molto deliziosa che servono loro. E poi, insieme, gli angeli e la sacra Famiglia cantano, lodano e ringraziano Dio. E per il resto del loro viaggio nel deserto Dio fornisce loro del cibo.

All'arrivo in Egitto trovano un popolo tenuto prigioniero dal Maligno. Il Bambino Gesù, tra le braccia di Sua Madre, alza gli occhi e le mani verso il Padre chiedendo la loro salvezza, così scacciando i demoni dagli idoli, rigettandoli nella caverne e nel buio dell'inferno, gli idoli si schiantano al suolo, gli altari cadono a pezzi e i templi si sgretolano in rovine. Maria unisce le Sue preghiere alla preghiere di Suo Figlio e Giuseppe è consapevole delle opere dell'Incarnazione del Verbo, ma il popolo egiziano è esterrefatto. Sebbene gli istruiti tra loro ricordino un'antica tradizione profetizzata da Isaia (Is. 9,1) che racconta dell'arrivo di un Re degli Ebrei e la distruzione dei templi degli idoli, essi non sanno come tale profezia debba avverarsi.

La gente che parla con Maria e Giuseppe, va da loro spinta dalla curiosità nel vedere degli stranieri in mezzo a loro e, parlando, esprimono le loro paure per i recenti avvenimenti, ma Maria e Giuseppe approfittano dell'occasione per parlare con loro esaurientemente dell'unico vero Dio, Che è l'unico che debba essere riconosciuto e adorato.

Maria è così dolce e incantevole e le Sue parole così gentili che si diffonde subito la diceria dell'arrivo di strani pellegrini, mentre le preghiere dell'Incarnazione del Verbo convertono i cuori di molti, instillando la conoscenza di Dio e il dolore per i propri peccati, che insieme alla distruzione degli idoli causano un'incredibile subbuglio, ma la gente non sa da Chi provenga la benedizione.

Gesù, Maria e Giuseppe compiono il loro viaggio attraverso Menfi, Babilonia, Mataria fino a Eliopoli (al giorno d'oggi: Mit Rahina, dodici miglia a sud del Cairo, Cairo Copto, cinque miglia a nord-est del Cairo, estremità nord-orientale del Cairo, rispettivamente), operando miracoli, scacciando demoni dalla gente e dagli idoli, curando gli ammalati e illuminando i cuori sulle dottrine della vita eterna. A Eliopoli, essi vengono informati dagli angeli che dovranno rimanere lì. Giuseppe compra una casa, una povera dimora con tre stanze appena fuori dalla Città come Maria desidera. Una stanza viene assegnata come tempio di Gesù in cui essi collocano la Sua culla e il letto di Maria. La seconda è assegnata a Giuseppe e la terza funge sia da cucina sia da bottega per Giuseppe.

Fedele al Suo intento di provvedere alla Sua famiglia con il proprio lavoro, Maria comincia subito a cercare lavori di cucito con l'aiuto della pie donne attratte dalla sua modestia e dalla sua dolcezza. La reputazione della Sua abilità e del suo lavoro diligente si diffonde preso ed Ella ottiene così tanto lavoro, da dedicare le Sue giornate al lavoro e le Sue notti ai Suoi esercizi spirituali, sebbene continui le Sue meditazioni spirituali mentre lavora. Così Giuseppe e Maria insieme sono in grado di provvedere a tutte le necessità di base di cibo e vestiario per il loro Bambino e per se stessi.

Malattie e disturbi sono prevalenti in Egitto a causa del clima aspro e molti di coloro che si recano da Maria per ascoltare la parola di Dio tornano a casa curati, nel corpo e nello spirito. Così la voce si diffonde rapidamente. A peggiorare le cose, Eliopoli e molte altre zone dell'Egitto sono devastate dalla pestilenza durante gli anni del loro soggiorno, così, su richiesta di Maria, Gesù ordina Giuseppe, donandogli nuova luce e il potere di guarire. Così, mentre Giuseppe istruisce e guarisce gli uomini, Maria si dedica alle donne e tutti coloro che si recano da loro ricevono grazia e sono commossi dall'amore e dalla devozione per la modestia e la santità di Maria. Ma Ella rifiuta i pagamenti o i regali offerti, eccetto quando trova che il regalo sia utile ad aiutare un altro bisognoso, nel qual caso Ella fa anche un regalo in cambio del suo lavoro.

Attraverso il Suo lavoro nel diffondere la Parola di Dio in Egitto e nell'aiutare gli Egiziani nel corpo e nell'anima, Maria stessa accresce la Sua santità. Dio Le dà piena conoscenza - come se Ella Stessa fosse stata presente - del massacro degli innocenti - tutti i figli primogeniti da un giorno fino ai due anni di età - da parte di Erode nella sua ricerca del Messia.

Attraverso le Sue preghiere e quelle di Suo Figlio, tutti questi innocenti ricevono un'elevata conoscenza dell'esistenza di Dio, dell'amore, della fede e della speranza perfetti, che essi pongono immediatamente in opera, compiendo atti eroici di fede, amore e venerazione di Dio e ricevono la compassione di Dio per i loro genitori e le loro famiglie, ottenendo luce e grazia in anticipo nei bisogni spirituali. Nonostante la loro tenera età, questi bambini si sottomettono volontariamente al martirio, incrementando così i loro meriti e sono trasportati nel limbo da una moltitudine di angeli per attendere la redenzione. Il loro arrivo nel limbo a sua volta riconferma agli antichi la speranza di una rapida liberazione, per cui c'è tanta gioia e canti di lode. Tutto questo Maria lo compie insieme al Suo Bambino divino Che è l'autore di tutto, ma Che, mentre si trova in Egitto, deve rimanere normale per tutti gli altri.

# Gesù Rompe il Suo Silenzio

Un giorno Maria e Giuseppe stanno conversando e riflettendo sull'esistenza infinita di Dio, sulla Sua benevolenza e l'eccessivo amore che l'ha indotto a inviare il Suo Figlio Unigenito ad essere il Precettore e il Salvatore degli uomini, Dio vestito di carne, venuto a dialogare con l'umanità e a soffrire le pene per la sua natura corrotta. Mentre riflette, il cuore di Giuseppe si infiamma d'amore ed egli si perde nella meraviglia e nello stupore per le opere di Dio.

Gesù, tra le braccia di Sua Madre, ha appena compiuto un anno e coglie questa opportunità per rompere il Suo silenzio con Giuseppe. "Padre mio..." dice a Giuseppe "... Io sono la Luce del Mondo, venuto dal Paradiso per salvare il mondo dall'oscurità del peccato, come un buon Pastore, per insegnare alle Mie pecore la strada per la Salvezza e aprire le porte del Paradiso chiuse dal peccato. Io desidero che voi siate entrambi figli della Luce, che avete così a portata di mano."

Le sue parole riempiono Giuseppe di nuova devozione e gioia, e inginocchiandosi di fronte al Dio bambino, egli Lo ringrazia per averlo chiamato "padre" perché Giuseppe ama Gesù di un soave amore soprannaturale, molto più elevato dell'amore naturale di un qualunque padre terrestre per suo figlio.

Giuseppe si fa umile nel sentirsi chiamare 'padre' dal Figlio del Padre Eterno, il Figlio Che egli vede così meraviglioso nella grazia ed eccelso nella conoscenza e nella saggezza.

Da quando Gesù ha un anno, Egli comincia a trascorrere alcune ore della giornata nella Sua cappella e, rispondendo all'appello muto di Sua Madre, La invita ad unirsi a Lui in modo che Ella possa apprendere da Lui e imitarlo nelle Sue opere, poiché egli desidera che Ella sia il modello del perfetto compimento per tutte le anime. E così Gesù, da questo periodo - in Egitto, passando per il loro ritorno a Nazaret e fino all'inizio del suo ministero - insegna a Maria verbalmente tutti i misteri della legge evangelica e la sua dottrina, su cui Egli fonderà la Sua Chiesa sulla Terra, sottolineando il tempo e il luogo di ogni evento e la cronologia dei regni e delle province nel corso della vita della Chiesa. Dopo il loro ritorno a Nazaret che segue la cerimonia per il Suo raggiungimento della maggiore età, Gesù insegna a Maria anche i segreti del libro con sette Sigilli di cui parla Giovanni (Apoc. 5,1); il libro a cui solo l'Agnello può togliere i sigilli con la Sua Passione e Morte, le Sue dottrine e i Suoi meriti. A confronto, Gesù impiega solo tre anni per insegnare ai Suoi Apostoli e ai Suoi Discepoli e a stabilire completamente la Sua Chiesa sulla Terra.

A volte, durante i suoi insegnamenti e le sue preghiere, Gesù è prostrato al suolo, altre volte è sollevato da terra, sempre in forma di croce, pregando calorosamente il Padre Eterno per la salvezza delle anime mortali. Spesso, in presenza di Maria, Egli avrebbe detto:

*"O somma Croce benedetta! Quando le tue braccia riceveranno le mie, quando riposerò in te, quando le mie braccia, inchiodate alle tue saranno distese per accogliere tutti i peccatori? ... Perché non io sono venuto per altra ragione che invitarli a imitarmi... esse sono anche ora e per sempre aperte ad accogliere ed arricchire tutti gli uomini. Venite allora, tutti voi che siete ciechi, verso la luce. Venite, voi poveri, verso i tesori della mia grazia. Venite, voi piccoli, verso le carezze e le delizie del vostro vero Padre. Venite, voi afflitti e spossati, perché io vi darò sollievo e ristoro...*

*Venite, voi giusti, perché voi siete il mio possedimento e la mia eredità. Venite, tutti voi figli di Adamo, perché io vi chiamo tutti. Io sono la strada, la verità e la vita e non vi negherò niente che voi desideriate ricevere... Mio Padre eterno, essi sono le opere delle Tue mani, non disprezzarli; perché io offrirò me stesso in sacrificio sulla Croce, per riportarli alla giustizia e alla libertà. Se essi non sono altro che volenterosi io li ricondurrò al grembo della Tua eletta e al loro regno paradisiaco, dove il Tuo nome sarà glorificato."*

E Maria unisce le sue preghiere alle Sue poiché Ella è resa consapevole di ciò che traspare dalla Sua anima e anche di ciò che Ella osserva, come i movimenti esterni del Suo corpo. Come tale, benché Maria non goda sempre di visioni della Divinità, è un privilegio riservato solo a Lei che, attraverso Suo Figlio, Ella sia resa consapevole di tutte le attività e del modo in cui la Sua umanità venera, ama e adora la Divinità a cui è unita. In questa maniera speciale, Ella è testimone degli effetti dell'unione ipostatica dell'umanità con la Divinità - l'Uomo-Dio.

In questo tempio, Gesù dialoga con Suo Padre dei più alti misteri della Redenzione, e la Persona del Padre approva o concorda con le Sue richieste per il conforto dell'uomo, o mostra all'umanità di Cristo le segrete delibere della dottrina che Dio ha ordinato, tutto ciò che accadrà riguardo alla salvezza di alcuni e non di altri, la condanna di alcune anime alla miseria eterna. Di tutto questo Maria è testimone, adorando l'Onnipotente con venerazione impareggiabile e unendosi a Suo Figlio nelle Sue preghiere, richieste e ringraziamenti.

In alcune di queste occasioni, il Bambino piange e traspira sangue, e ciò accadrà molte volte sia in Egitto sia dopo il loro ritorno a Nazaret, molto tempo prima di quella testimoniata nell'orto del Getsemani. In queste occasioni, Maria si asciuga le lacrime dal viso, comprendendo pienamente come la causa della Sua agonia sia la perdita dei predetti; coloro per i quali i meriti del Redentore saranno sprecati.

Altre volte, Gesù è trasfigurato dallo straripamento della Sua anima santissima nel corpo, in modo che Egli sia avvolto di luce paradisiaca, perché il Padre Eterno ha ordinato che l'umanità divina dovrebbe, ogni tanto, avere questa consolazione. In questa e in altre occasioni quando Gesù non è glorificato, Egli è circondato da angeli che cantano dolci inni di lode in un'armonia celestiale. E Maria si unisce agli inni di lode.

I bambini di Eliopoli che giocano con il Bambino Gesù, liberi dalla grande cattiveria come la maggior parte dei bambini, Lo accettano com'è e Gesù, accettando loro a sua volta per quanto appropriato, instilla in essi la conoscenza di Dio e delle virtù, insegnando loro la via per la vita eterna, imprimendo profondamente su di essi le Sue verità e conquistando i loro cuori, in modo tale che tutti coloro che hanno questa fortuna diventano in seguito grandi uomini pii, perché nel tempo questi semi di grazia, seminati precocemente nei loro cuori, maturano e portano frutti paradisiaci.

# La Sacra Famiglia in Egitto

Gesù ha due anni ed è seduto su un tappeto, all'ombra di un piccolo albero situato al centro di un orto, all'interno di un piccolo terreno recintato. Il suolo arido dell'orto è stato pazientemente coltivato e recintato con canne di bambù, fortificato con piante rampicanti, semplici convolvoli e, su un lato, un cespuglio di gelsomino in pieno fiore e un arbusto di rose comuni. Alcune modeste verdure stanno crescendo al centro dell'orto, sotto l'albero, dove c'è un po' d'ombra. Un capretto bianco e nero legato all'albero bruca le foglie di alcuni rami tirati sul terreno.

L'orto fa parte di una piccola e povera casa con muri di gesso e un singolo piano - il piano terreno. I muri sono imbiancati e ci sono due porte, una accanto all'altra, che conducono alle stanze interne della piccola casa. La casa si trova in mezzo al piccolo pezzo di terra sabbiosa racchiuso dalla debole recinzione di bambù fissata al terreno, protezione adatta solo alla difesa da cani e gatti randagi.

Sul Suo tappeto nell'orto della povera casa, Gesù gioca con piccole pecore di legno, piccoli cavalli di legno e alcuni trucioli di legno chiaro, meno arricciati dei Suoi riccioli dorati. Con le Sue piccole mani color prugna, sta cercando di mettere collane di legno al collo dei Suoi animali. E' tranquillo, sorridente e molto bello. La sua testolina è una massa di piccoli riccioli dorati molto fitti, la Sua pelle chiara e leggermente rosata. I suoi occhi, vivi e di un blu profondo e splendente; due bellissimi zaffiri scuri. Egli indossa una tunica bianca che gli arriva fino ai polpacci, con le maniche corte e legata in vita da una corda bianca. I suoi piedini sono nudi perché si è tolto i sandali e li sta usando come carro per i suoi animali, tirando il carro dalle cinghie.

I sandali sono semplici; una suola e due cinghie, una dalla punta e una dal tacco. Quella dalla punta si divide in due ad un certo punto e una parte passa attraverso un occhiello nella cinghia che esce dal tacco, poi si gira e si lega con l'altro pezzo formando un anello alla caviglia.

All'ombra dell'albero, non lontano da Gesù, si trova anche Maria, che tesse ad un rozzo telaio e guarda il Bambino. La sua mano bianca e sottile si muove avanti e indietro, tirando la spola sulla sinistra mentre con il piede, che calza un sandalo, muove il pedale. La sua veste è color malva:

un viola rosato come alcune ametiste. Ella ha il capo scoperto e i Suoi capelli sono divisi in due semplici trecce raccolte sulla nuca. Le maniche sono lunghe e sottili e non indossa nessun ornamento ad eccezione della Sua bellezza e l'espressione dolcissima sul Suo volto da angelo blu, che dimostra circa vent'anni.

Completato il proprio lavoro giornaliero, si alza e, piegandosi sul Bambino, gli rimette i sandali e li allaccia con cura. Poi gli dà una pacca e bacia i Suoi bellissimi occhi. Il Bambino parla ed Ella gli risponde. Poi, tornando al Suo telaio, copre il tessuto e il filo con un pezzo di stoffa, prende lo sgabello su cui era seduta e lo porta in casa. Il Bambino La segue con gli occhi ma non si preoccupa di essere lasciato solo.

Il sole sta tramontando sulle sabbie aride e un immenso fuoco invade tutto il cielo dietro la piramide lontana.

Maria torna indietro e, prendendo Gesù per mano, lo fa alzare dal tappeto. Il Bambino obbedisce senza opporre resistenza. Mentre Sua Madre raccoglie i Suoi giocattoli e li porta in casa, Egli trotterella, sulle sue gambette ben modellate, fino al capretto e gli getta le braccia attorno al collo. Il capretto bela e strofina la testa sulla spalla di Gesù.

Maria torna indietro, ora indossando un velo e con in mano un'anfora. Prende Gesù per mano e, insieme, passeggiano con grazia intorno alla piccola casa, una graziosa immagine. Maria adatta il suo passo a quello del Bambino e il Bambino trotterella e saltella accanto a Lei, con i suoi talloni rosati che si muovono su e giù sul percorso sabbioso con la grazia tipica dei passi di un bambino.

Di fronte alla casa, la siepe è interrotta da un rozzo cancello che Maria apre per uscire sulla strada, una strada povera all'estremità del villaggio, che porta ad una campagna fatta di sabbia e altre case povere simili alla loro e con modesti giardini.

Non c'è nessuno nei paraggi. Maria guarda verso la città come se aspettasse qualcuno, poi si dirige verso un pozzo circondato da qualche erba sul terreno e all'interno di un cerchio d'ombra formato da palme una decina di metri più avanti.

C'è un uomo che cammina per la strada. A distanza, sembra non molto alto ma robusto. Mentre si avvicina, i suoi tratti si delineano ed è Giuseppe, che sorride. Dimostra circa trentacinque anni, ha i capelli e la barba folti e neri, la pelle piuttosto abbronzata, gli occhi scuri, la faccia onesta che ispira fiducia.

Quando vede Gesù e Maria, affretta il passo. Egli porta la sega e la pialla sulla spalla sinistra ed altri attrezzi del suo mestiere nell'altra mano, forse di ritorno da una chiamata a domicilio. La sua tunica da lavoro è tra il color nocciola e il marrone scuro e gli arriva fino ai polpacci, ha le maniche corte ed è tenuta in vita da una cintura di cuoio. Ha i sandali legati alle caviglie.

Maria sorride e Gesù emette un urlo di gioia, allungando la mano libera. Quando si incontrano, Maria prende gli strumenti di lavoro di Giuseppe e lui si piega offrendo a Gesù un frutto. Poi, accovacciandosi a terra, distende le braccia e Gesù lascia Sua Madre e si rannicchia tra le braccia di Giuseppe, piegando la Sua testolina nella cavità del collo di Giuseppe. Giuseppe Lo bacia ed è baciato da Lui, una scena piena di grazia amorevole.

Poi Giuseppe si alza e prende i suoi strumenti con la mano sinistra, mentre con la mano destra tiene Gesù stretto al suo torace possente. Poi torna alla casa con Gesù, mentre Maria va al pozzo a riempire la sua anfora.

Nel giardino della casa, Giuseppe mette giù Gesù e porta in casa il telaio di Maria. Poi munge la capra e la porta nel piccolo sgabuzzino accanto alla casa mentre Gesù osserva con perspicacia.

Ora si sta facendo buio e il rosso tramonto diventa viola sulla sabbia che sembra tremolare dal caldo e sulla piramide, facendola apparire più scura.

Giuseppe entra in casa, in una stanza che fa da sua bottega, cucina e sala da pranzo allo stesso tempo. C'è un fuoco acceso nel camino basso. C'è un banco da carpentiere, un tavolino, alcuni sgabelli e qualche scaffale con sopra due lampade e alcuni attrezzi da cucina. Il telaio di Maria è nell'angolo. La casa, benché povera, è ordinata e molto pulita.

Maria ritorna con l'anfora e chiudono la porta sull'oscurità che fuori aumenta rapidamente. La stanza è illuminata da una lampada che Giuseppe ha acceso e posto sul suo banco, dove ora sta lavorando su alcune piccole tavole, mentre Maria prepara la cena. Il fuoco nel camino illumina anch'esso la stanza. Gesù, con le sue manine poggiate sul banco e la Sua testolina sollevata, guarda con attenzione Giuseppe mentre lavora.

Si avvicinano al tavolo e Giuseppe li guida in un salmo nel loro dialetto di Nazaret mentre Maria risponde. Maria si

siede a mangiare con la lampada sul tavolo e Gesù in braccio a Maria. Maria gli dà da bere del latte di capra. Poi taglia alcune fette di pane da una pagnotta tonda e scura, le bagna nel latte e le offre a Gesù. Giuseppe mangia una fettina di formaggio e molto pane. Maria fa sedere Gesù su uno sgabello accanto a Lei e prende delle verdure cotte - sono bollite e condite, e quando Giuseppe si serve, anche Maria ne prende un po', mentre Gesù mordicchia felicemente la sua mela, sorridendo e mostrando i Suoi dentini bianchi.
Essi concludono la loro cena con alcuni datteri duri e non c'è vino. L'extra della gente povera.

Ma c'è molta pace nella stanza.

# La Prima Lezione di Lavoro di Gesù

Un bambino di cinque anni, completamente biondo e molto bello in una semplice tunica blu che arriva a metà dei suoi polpacci ben modellati, gioca con un po' di terra nel piccolo orto della loro casa; forma piccoli cumuli di terra e vi pianta in cima dei paletti per creare una foresta in miniatura. Poi forma piccole strade con la pietra e ora vorrebbe formare un laghetto ai piedi delle Sue piccole colline. Così prende il fondo di un vecchio vaso e lo seppellisce fino all'orlo, poi lo riempie di acqua utilizzando una brocca che immerge in un vassoio contenente acqua per annaffiare il piccolo orto, bagnandosi la veste e le maniche. Ma il vaso scheggiato è anche rotto e il lago si prosciuga.

Giuseppe si affaccia alla porta e resta lì per un po', guardando tranquillamente Gesù al lavoro e sorridendo.

Poi, per evitare che Gesù si bagni ancora di più, Lo chiama. Gesù si gira sorridente e, quando vede Giuseppe, corre da lui con le Sue piccole braccia aperte.

Con l'orlo della sua tunica da lavoro, Giuseppe asciuga le Sue manine piene di terra e bagnate, e le asciuga. Poi i due hanno una conversazione in cui Gesù spiega il Suo gioco, il Suo lavoro e le difficoltà che sta avendo; voleva creare un piccolo lago come il lago di Gennesaret - di cui ha sentito parlare - uno piccolo per il Suo divertimento. Questa era Tiberiade, qui c'era Magdala, più in là c'era Cafarnao. Questa era la strada per Nazaret che attraversa Cana. Voleva varare alcune piccole barche nel lago; queste foglie sono le barche. E voleva andare fino alla riva opposta. Ma l'acqua va via...

Giuseppe osserva e si interessa come se si trattasse di una questione seria. Poi propone di costruire un piccolo lago il giorno dopo, non con un vecchio vaso scheggiato, ma con una bacinella di legno, ben rivestita di pece e stucco, in cui Gesù avrebbe varato piccole barche di vero legno che lui, Giuseppe, Gli avrebbe insegnato a costruire. Proprio allora, Gli aveva comprato dei piccoli strumenti di lavoro adatti a Lui, in modo che potesse imparare a usarli senza alcuna fatica.

"Così potrò aiutarti!" Dice Gesù, sorridendo.

"Così mi aiuterai e diventerai un abile carpentiere. Vieni a vederli."

Vanno nella bottega e Giuseppe Gli mostra un piccolo martello, una minuscola sega, alcuni scalpelli molto piccoli e una pialla adatta ad una bambola, tutti disposti su un piccolo tavolo di lavoro da carpentiere in erba; adatto alla piccola taglia di Gesù.

"Vedi, per segare, devi mettere così questo pezzo di legno. Poi prendi la sega in questo modo e, assicurandoti di non prendere le Tue dita, cominci a segare. Prova..."

E la lezione comincia. E Gesù, arrossendo dallo sforzo e comprimendo le labbra, sega il pezzo di legno con cura e poi lo pialla e, benché non sia perfettamente dritto, pensa che chi sia bello. Giuseppe Lo elogia e, con pazienza e amore, Gli insegna a lavorare.

Maria, di ritorno da una commissione, guarda all'interno dalla soglia e sorride allo zelo con cui Gesù lavora con la pialla e a quanto amorevolmente Giuseppe Lo istruisce. Avvertendo la Sua presenza, Gesù si gira e corre da Lei per mostrarle il piccolo pezzo di legno non ancora finito. Maria lo ammira, poi si china e bacia Gesù. Gli sistema i riccioli scomposti, asciuga il sudore dal Suo viso arrossato e ascolta con attenzione amorevole Gesù, che promette di costruirle un piccolo sgabello che La farà stare più comoda quando lavora. Giuseppe, in piedi accanto al banchetto con una mano posata sul fianco, continua a guardare e sorride.

## Il Ritorno a Nazaret

Il decreto per la partenza dall'Egitto, a oltre quattro anni dal loro primo arrivo, viene intimato dal Padre Eterno a Suo Figlio in presenza di Sua Madre. Maria lo vede riflesso nella Sua santissima anima e Lo vede inoltre sottomettersi in obbedienza al Padre. Ma né la Madre né il Figlio lo comunicano a Giuseppe perché, sebbene Gesù sia vero Dio e Sua Madre altamente esaltata rispetto a Giuseppe, Dio dà grande valore all'ordine delle cose create e così la preparazione del viaggio deve avere inizio da Giuseppe in quanto capofamiglia.

Quella stessa notte, un angelo parla a Giuseppe nel sonno, dicendogli di prendere il Bambino e Sua Madre e tornare nel territorio di Israele perché Erode e coloro che con lui avevano dato la caccia al Bambino erano morti.

C'è molta angoscia e molto dolore tra i loro amici e conoscenti che sospirano, si lamentano ad alta voce e piangono per la grande perdita della loro benefattrice. La sacra famiglia parte per la Palestina in compagnia degli angeli come nel loro viaggio di partenza e ovunque passino, seminano grazie e benedizioni; la notizia del loro passaggio attira ancora una volta folle di ammalati e afflitti, che trovano tutti sollievo nel corpo e nell'anima poiché molti sono curati, i demoni scacciati e le anime illuminate.

Trovano la loro casa a Nazaret, che era stata affidata al cugino di Giuseppe, in buone condizioni.

Maria entra e immediatamente si prostra in adorazione del Signore e in ringraziamento per averli condotti in salvo dalla crudeltà di Erode, per averli preservati dai pericoli del loro viaggio lungo e difficile e del loro esilio e infine per averli ricondotti in salvo a casa, in compagnia di Suo Figlio, ora cresciuto in età, grazia e virtù.

Ancora una volta, organizzano la casa, mettendo in ordine le loro vite in modo tale che Maria continui a ricevere istruzioni da Suo Figlio e ad accudire Lui e il Suo sposo, mentre Giuseppe lavora per guadagnare il sostentamento per Gesù e Maria in quanto capofamiglia.

Poco dopo il loro ritorno a Nazaret, Gesù decide di mettere alla prova la forza dell'amore di Maria e di tutte le Sue virtù, per elevare il livello di santità di Maria ad essere secondo solo a quello di Dio. Improvvisamente, senza preavviso, Egli diventa riservato, si sottrae alla Sua vista interiore, sospende le Sue manifestazioni d'affetto nei Suoi confronti, sottraendosi persino alla Sua compagnia e, sebbene rimanga fisicamente presente, Le rivolge solo qualche parola occasionale e, anche in tale circostanza, con grande Maestà.

Il cambiamento inatteso è la forgia in cui l'oro più puro dell'amore di Maria per il Suo Signore viene un'altra volta purificato, così come il suo cuore, come se fosse colpito da una freccia, è strappato dal dolore. Non avendo ricevuto alcuna spiegazione per questo comportamento, essendone sorpresa e non sapendo quale possa esserne la causa, Maria si rifugia nella Sua umiltà e attribuisce tali azioni alla propria ingratitudine e ad altre mancanze da parte Sua. E' piena di timore non tanto per la privazione delle sue allietanti grazie, ma anche per non essere stata all'altezza del Suo servizio ed averlo così contrariato. Ella compie atti eroici di tutte le virtù, umiliandosi sotto la polvere, adorando Suo Figlio, ringraziando il Padre Eterno per le sue ammirevoli opere e benedizioni, cercando di conoscere la Sua volontà in modo da adempiere ad essa in tutte le cose, rinnovando costantemente i Suoi atti di fede, speranza e amore, perseverando in tristi preghiere riversando il Suo dolore innanzi al trono di Dio.

I Suoi sospiri amorevoli e il Suo tenero affetto affliggono il

Suo cuore, ma Egli mantiene il Suo riserbo interiore, evitandola ogni qual volta Ella Lo cerchi per conversare con Lui. Tale allontanamento non fa che intensificare il Suo dolore e La porta a cercarlo ancora di più e questo va avanti per trenta giorni - equivalenti a molti anni per Lei che ritiene impossibile vivere anche per un solo momento senza il Suo Adorato - in modo tale che la fiamma d'amore nel Suo cuore è alimentata fino a diventare un intenso fuoco.

La Madre amorevole infine si avvicina e si getta ai piedi di Suo Figlio in adorazione e chiedendogli perdono, dicendo:

*"Mio dolcissimo amore e Bene supremo... Se non ho avuto zelo nel servirti, come sono costretta a confessare, castiga la mia negligenza e perdonala. Ma permettimi, mio Figlio e Signore, di vedere la gioia del Tuo volto, che è la mia salvezza e la luce della mia vita. Qui ai Tuoi piedi io depongo la mia povertà, mescolandola alla polvere, e non mi risolleverò da essa finché non potrò di nuovo guardarmi allo specchio, che riflette la mia anima."*

Il cuore del Bambino, Gesù, dopo i trenta giorni, non può più resistere all'immensa forza del Suo amore per la Sua dolcissima madre perché anche Egli soffre una eccezionale violenza nel tenerla a distanza.

"Madre Mia, alzati." Dice Gesù semplicemente, ma alle Sue parole Maria è sollevata in estasi, la Sua visione della Divinità è ripristinata ed ella vede il Signore riceverla con il più dolce abbraccio di benvenuto di un Padre e uno Sposo, le Sue lacrime si tramutano in allegria, la Sua sofferenza in gioia, la Sua amarezza nella più elevata dolcezza.

# Maria Insegna a Gesù, Giuda e Giacomo

I rumori di Giuseppe che lavora nella sua bottega a Nazaret si diffondono nel silenzio della stanza da pranzo, dove Maria cuce alcune strisce di lana che Ella stessa ha tessuto. Le strisce sono di circa un metro e mezzo per tre di lunghezza e da esse ha in mente di creare un mantello per Giuseppe.

Cespugli increspati di piccole margherite di un blu violaceo si intravedono dalla parta aperta che conduce all'orto, annunciando l'autunno, benché le piante nell'orto siano ancora fitte di fogliame verde e belle.

Le api di un alveare situato su un muro soleggiato volano nella splendente luce del sole, ronzando e danzando dal fico alle viti e poi fino al melograno carico di frutti rotondi, alcuni dei quali si sono già spalancati per la crescita eccessiva, svelando le strisce di succosi rubini allineati negli scrigni verdi e rossi divisi in sezioni gialle.

Gesù, con la sua piccola testa bionda come un bagliore di luce, sta giocando sotto gli alberi con due ragazzi, i cugini Giacomo e Giuda, che hanno all'incirca la sua età. Essi hanno i capelli ricci, ma non sono biondi.

Uno, al contrario, ha dei riccioli molto scuri che fanno sembrare il suo viso rotondo più pallido, e due bellissimi grandi occhi spalancati di colore blu violaceo.

L'altro è meno riccioluto e ha i capelli castano scuro, gli occhi anch'essi castani e la carnagione più scura, con un alone rosato sulle guance.

I tre bambini giocano a fare la spesa in perfetta armonia con piccoli carrelli in cui ci sono vari articoli: foglie, piccole pietre, trucioli di legno, piccoli pezzi di legno.

Gesù è quello che compra cose per la Sua Mamma, a Cui porta ora una cosa, ora un'altra. Maria accetta tutti gli acquisti con un sorriso.

Poi il gioco cambia. Giacomo, uno dei due cugini, propone: "Giochiamo all'Esodo dall'Egitto. Gesù sarà Mosè, io sarò Aronne e tu... Maria."

"Ma io sono un maschio!" Protesta Giuda.

"Non importa. E' lo stesso. Tu sei Maria, e tu danzerai davanti al vitello d'oro, e il vitello d'oro è l'alveare laggiù."

"Io non danzerò. Sono un uomo e non voglio fare la donna. Sono un devoto credente e non danzerò davanti a un idolo."

Gesù li interrompe: "Non giochiamo a quella parte. Giochiamo a quest'altra: quando Giosuè viene eletto successore di Mosè. Così non ci sarà nessun terribile peccato di idolatria e Giuda sarà felice di essere un uomo e il Mio successore. Tu sei felice?"

"Sì, Gesù. Ma poi Tu dovrai morire, perché Mosè dopo muore. Ma io non voglio che Tu muoia; sei sempre stato così affezionato a me."

"Tutti muoiono... ma prima di morire io benedirò Israele, e poiché voi siete gli unici qui, io benedirò tutta Israele in voi."

Essi concordano. Poi c'è una discussione: se il popolo di Israele, dopo aver viaggiato tanto a lungo, avesse ancora gli stessi carri che aveva quando ha lasciato l'Egitto. C'è una divergenza di opinione.

Si rivolgono a Maria. "Mamma, io dico che gli Israeliti

avevano ancora i carri. Giacomo dice che non li avevano. Giuda non lo sa. Chi ha ragione? Tu lo sai?"

"Sì, Figlio Mio. Il popolo nomade aveva ancora i loro carri. Li ripararono quando si fermarono per riposare. La gente più povera viaggiò in essi ed anche le riserve di cibo e le tante cose necessarie per così tanta gente furono caricate in essi. Ad eccezione dell'Arca, che fu trasportata a mano, tutto il resto era nei carri."

Avendo ora ricevuto risposta alla domanda, i bambini scendono in fondo al frutteto e da lì, cantando salmi, vanno verso la casa, con Gesù in testa che canta salmi nella sua dolce voce argentina, seguito da Giuda e Giacomo che porta un carretto elevato all'ordine di Tabernacolo.

Ma poiché devono anche interpretare la parte del popolo, oltre a quella di Aronne e Giosuè, con le loro cinture hanno legato altri carri in miniatura ai loro piedi e così procedono molto seriamente, come veri attori.

Percorrono il pergolato per tutta la sua lunghezza e, quando passano davanti alla porta della stanza di Maria, Gesù dice: "Mamma, saluta l'Arca quando passa."
Maria si alza sorridendo e si inchina a Suo Figlio Che Le passa accanto, raggiante nell'intensa luce del sole.

Poi Gesù si arrampica sul fianco della montagna che forma

il confine esterno dell'orto, si erge sulla piccola grotta, e parla a... Israele, ripetendo gli ordini e le promesse di Dio. Poi nomina capo Giosuè, lo chiama e poi Giuda a sua volta si arrampica sulla roccia. Gesù-Mosè incoraggia e benedice Giuda-Giosuè... e poi chiede una... tavola (una grande foglia di fico), scrive il cantico e lo legge.
Non è proprio completo, ma ne contiene gran parte, e sembra che Egli lo legga dalla foglia. Poi congeda Giuda-Giosuè che Lo abbraccia piangendo. Gesù-Mosè poi si arrampica ancora più in alto, proprio sul bordo della roccia e da lì benedice tutta Israele, cioè i due prostrati al terreno. Poi si distende sull'erba bassa, chiude gli occhi e... muore.

Quando Lo vede disteso sul terreno, Maria, che è rimasta a guardare dalla soglia sorridendo, urla: "Gesù, Gesù! Alzati! Non stenderti così! La Tua Mamma non vuole vederti morto!"

Gesù si alza sorridente, corre da Lei e La bacia. Anche Giacomo e Giuda scendono e ricevono le carezze di Maria.

"Come fa Gesù a ricordare quel cantico che è così lungo e difficile e tutte quelle benedizioni?" Chiede Giacomo.

Maria sorride e risponde: "Ha una memoria molto buona e sta molto attento quando leggo."

"Anch'io, a scuola, sto attento. Ma poi mi addormento con tutto il frastuono... non imparerò mai allora? "

"Imparerai, da bravo."

Si sente bussare alla porta e Giuseppe attraversa rapidamente il frutteto e la casa e la apre.

"Pace a voi, Alfeo e Maria" Giuseppe saluta suo fratello e sua cognata, che hanno lasciato il loro rozzo carro e il loro asino in buona salute sulla strada fuori.

"E a voi, e siate benedetti!"

"Avete fatto buon viaggio?"
"Sì, molto buono. E i bambini?"
"Sono nell'orto con Maria."

Ma i bambini sono venuti a salutare loro madre. E così anche Maria, tenendo per mano Gesù. Le due cognate si baciano.

"Sono stati bravi?" Chiede Maria di Alfeo.

"Molto bravi e molto cari" risponde Maria. "I parenti stanno tutti bene?"

"Sì, tutti. Ti mandano i saluti. E Ti hanno mandato tanti regali da Cana; uva, mele, formaggio, uova, miele... E... Giuseppe?... Ho trovato proprio quello che cercavi per Gesù. E' sul carro, nel cesto rotondo." Aggiunge Maria di Alfeo, chinandosi su Gesù, Che la guarda con gli occhi spalancati.
"... Sai che cosa ho per te?... Indovina." Chiede lei, baciando le Sue due strisce di cielo blu.

Gesù pensa, ma non riesce a indovinare... forse deliberatamente per dare a Giuseppe la gioia di fargli una sorpresa. Giuseppe, infatti, entra, portando un grosso cesto rotondo, lo posa sul pavimento davanti a Gesù e slega la corda che ferma il coperchio e lo solleva... e una pecorella bianca, un vero ciuffo di schiuma, appare, addormentata nella paglia pulita.

"Oh!" esclama Gesù, gioiosamente sorpreso e felice. Sta per correre dall'animaletto ma poi si gira e corre da Giuseppe, che è ancora chinato sul cesto, lo bacia e lo ringrazia.

I due cuginetti guardano con ammirazione la piccola creatura, che ora è sveglia e solleva la testa rosea, belando, cercando la sua mamma. La portano fuori dal cesto e le offrono una manciata di crescione ed essa bruca, guardandosi intorno con i suoi occhi bonari.

"Per Me! Per Me! Grazie padre!" Canta Gesù con gioia.

"Ti piace così tanto!"

"Oh! Tantissimo!" Bianco, pulito... un agnellino... Oh!" E getta le Sue piccole braccia al collo della pecora, posa la Sua testa bionda sulla sua piccola testa e rimane così, felice.

"Ne ho portati altri due, anche per voi" dice Alfeo ai suoi figli. "Ma sono scuri. Voi non siete ordinati quanto Gesù e le vostre pecore sarebbero sempre in disordine se fossero bianche. Saranno il vostro gregge; le terrete assieme e così non andrete più a bighellonare per le strade, voi due birbantelli, a lanciarvi pietre."

Giuda e Giacomo corrono entrambi al carro e guardano gli altri due agnellini, che sono più bianchi che neri, mentre Gesù porta il Suo agnello nell'orto, gli dà da bere dell'acqua e il piccolo animale Lo segue come se Lo conoscesse da sempre. Gesù lo attira e lo chiama "Neve" e l'agnello bela felicemente in risposta.

Gli ospiti si siedono a tavola e Maria offre loro del pane, delle olive, del formaggio e una brocca di liquido di colore molto chiaro che potrebbe essere cedrata o dell'acqua addolcita con miele.

Gli adulti conversano mentre i tre ragazzi giocano con i

loro animali che Gesù vuol riunire insieme in modo che possa dargli dell'acqua e un nome.
"Il tuo, Giuda, sarà chiamato 'Stella' perché ha quel segno sulla fronte... E il nome del tuo sarà "Fiamma" perché ha i colori fiammanti di certe eriche quando appassiscono."

"D'accordo."

Gli adulti parlano ed Alfeo dice "Spero di aver risolto il problema dei litigi tra i ragazzi. L'idea mi è venuta dalla tua richiesta, Giuseppe. Mi sono detto: 'Mio fratello vuole un agnello per Gesù in modo che possa avere qualcosa con cui giocare. Me ne procurerò altri due per quei monellacci per tenerli un po' tranquilli ed evitare continue discussioni con gli altri genitori su teste ferite e ginocchia sbucciate... con la scuola e con le pecore, riuscirò a tenerli tranquilli.' Ma quest'anno anche Voi dovrete mandare Gesù a scuola. E' ora."

"Non manderò mai Gesù a scuola." Dice Maria con decisione. E' piuttosto inusuale sentirla parlare in questo modo ed ancora di più sentirla parlare prima di Giuseppe.

"Perché? Il Bambino deve imparare per essere pronto a superare il suo esame quando diventa maggiorenne..."

"Il Bambino sarà pronto. Ma non andrà a scuola. Questo è piuttosto sicuro."

"Sarai l'unica donna di Israele a farlo."

"Sarò l'unica. Ma è ciò che farò. Non è giusto, Giuseppe?"

"Sì, è corretto. Non è necessario che Gesù vada a scuola. Maria è stata educata nel Tempio e conosce bene la legge quanto un qualunque Dottore. Sarà la Sua Insegnante. E' ciò che voglio anch'io."

"State rovinando il Ragazzo."

"Non puoi dire ciò. E' il miglior ragazzo di Nazaret. L'hai mai sentito gridare, o fare il cattivo, o essere disubbidiente o mancare di rispetto?

"No. E' vero. Ma lo farà se continuerete a rovinarlo."

"Non necessariamente rovini i tuoi ragazzi perché li tieni a casa. Tenerli a casa implica amarli con buon senso comune e con tutto il cuore. Ed è così che amiamo il nostro Gesù. E poiché Maria è meglio educata di un'insegnante, sarà l'insegnante di Gesù."

"E quando il vostro Gesù sarà un Uomo, sarà una sciocca donnetta che avrà paura persino delle mosche."

"Non lo sarà. Maria è una Donna forte e Lo educherà da

uomo vero. Io non sono un codardo e posso dargli esempi di virilità. Gesù è una creatura senza alcun difetto fisico o morale. Egli, quindi, crescerà, giusto e forte, sia nel corpo che nello spirito. Puoi starne certo, Alfeo... Non sarà una disgrazia per la famiglia... In ogni caso, è quello che ho deciso ed è tutto."

"Forse Maria ha deciso e tu..."

"E se così fosse? Non è giusto che due che si amano, dovrebbero avere gli stessi pensieri e gli stessi desideri, in modo che ciascuno possa accettare i desideri dell'altro come se fossero suoi?... Se Maria dovesse desiderare cose stupide, io Le direi 'No.' Ma Lei sta chiedendo qualcosa di molto saggio ed io sono d'accordo, e lo faccio mio. Noi ci amiamo, come il primo giorno, e continueremo a farlo finché vivremo. E' giusto, Maria?"

"Sì, Giuseppe. E speriamo che non accada mai, ma quando uno dei due morirà senza l'altro, continueremo ad amarci."

Giuseppe dà a Maria una pacca sulla testa come se fosse una giovane figlia ed Ella lo guarda con i suoi sereni occhi amorevoli.

"Tu hai piuttosto ragione" concorda Maria di Alfeo. "Vorrei saper insegnare! I nostri figliano imparano sia il bene che il male a scuola. A casa, imparano solo ciò che è bene. Ma non so se... se Maria..."

"Cos'è che desideri, Mia cognata? Parla liberamente. Sai che ti voglio bene e sono felice quando posso fare qualcosa per accontentarti.

"Stavo pensando... Giacomo e Giuseppe sono solo un po' più grandi di Gesù. Vanno già a scuola... per quello che hanno imparato!... Gesù invece, conosce già la legge così bene... che vorrei... eh, voglio dire, se ti chiedessi di prendere anche loro, quando insegnerai a Gesù? Penso che si comporterebbero meglio e sarebbero meglio educati. Dopo tutto, sono cugini, ed è semplicemente giusto che si amino come fratelli. Oh! Sarei così felice!"

"Se Giuseppe vuole, e tuo marito è d'accordo, Io sono piuttosto favorevole. E' la stessa cosa parlare ad uno e parlare e tre. Ed è una gioia completare l'intera Bibbia. Lasciali venire."
I tre bambini, che sono entrati tranquillamente, ascoltano e attendono la decisione finale.

"Ti porteranno alla disperazione, Maria." Dice Alfeo.

"No! Sono sempre buoni con Me. Voi sarete buoni se vi farò da insegnante, vero?"

I due ragazzi si avvicinano e si fermano ai lati di Maria, le

mettono le braccia intorno alle spalle, piegano le loro piccole teste sulle Sue spalle e promettono tutto il bene del mondo.
"Lasciali provare, Alfeo, e lasciami provare. Sono sicuro che non resterai deluso dalla prova. Possono venire tutti i giorni dalla sesta ora (mezzogiorno) alla sera (sei del pomeriggio - al tramonto). Sarà sufficiente, credimi. So come insegnare loro senza stancarli. Devi mantenere la loro attenzione e farli rilassare allo stesso tempo. Devi comprenderli, amarli ed essere amato da loro, se vuoi ottenere buoni risultati... E voi mi amerete, vero?

E Maria riceve due grossi baci in risposta.

"Vedi?"

"Vedo. Posso solo dire: 'Grazie.' E cosa dirà Gesù quando vedrà la Sua Mamma impegnata con gli altri? Che ne dici, Gesù?"

"Io dico: 'Sono felici coloro che La ascoltano e costruiscono la loro dimora accanto alla Sua.' Come per la Saggezza, sono felici coloro che sono amici di Mia Madre, ed io sono felice che Coloro che io amo siano Suoi amici."

"Ma chi mette queste parole in bocca al Bambino?" Chiede Alfeo, esterrefatto.

"Nessuno, fratello. Nessuno in questo mondo."

E così Maria diventa l'insegnante di Gesù, Giuda e Giacomo e i tre ragazzi, cugini, arrivano ad amarsi come fratelli, crescendo insieme, "come tre germogli sorretti da un palo"... Gesù è il Suo pupillo esattamente come lo sono i Suoi cugini. E attraverso questa parvenza di vita normale, viene mantenuto il "sigillo" sul segreto di Dio contro le indagini dal Maligno.

# Preparativi per il Raggiungimento della Maggiore Età di Gesù

Maria è chinata su un recipiente di terracotta, usando un legnetto per mescolarne il contenuto che riempie di vapore la fredda aria pura dell'orto.

Indossa un pesante vestito marrone scuro, così scuro da essere quasi nero, e un grembiule fatto da un rozzo pezzo di stoffa per protezione.

Fuori c'è la profondità dell'inverno e, ad eccezione degli ulivi, tutte le piante e gli alberi sono spogli e si stagliano come scheletri contro il cielo chiaro, nella bellissima luce del sole che non allenta la morsa del freddo vento pungente, che scuote i grossi rami spogli e i ramoscelli verde-grigio degli ulivi.

Maria estrae il legnetto dal recipiente, si bagna le mani con le gocce rosso rubino che gocciolano da esso, controlla il colore contro il Suo grembiule e sembra soddisfatta.

Entra in casa e ritorna con molte bobine sciolte di lana bianca come la neve che immerge con cura e pazienza nella tinozza, una alla volta. Mentre lavora, Maria di Alfeo, arrivando dalla bottega di Giuseppe, entra, si salutano e chiacchierano.

"Sta venendo bene?" Chiede Maria di Alfeo.

"Spero di sì."

"Quella donna gentile mi ha assicurato che è il colore esatto, e che esattamente come lo fanno a Roma. Me lo ha dato grazie a Te, per il lavoro di ricamo che Tu hai fatto per Lei... ha detto che nemmeno a Roma c'è qualcuno che sappia ricamare così bene. Devi esser diventata cieca a farlo..."

"E' stata una vera sciocchezza!" Dice Maria, sorridendo e scuotendo la testa.

Maria di Alfeo guarda le ultime bobine di lana prima di passarle a Maria. "Come le hai avvolte meravigliosamente! Sono così sottili e lisce che sembrano capelli... Tu fai tutto così bene. E sei così veloce!... Queste ultime saranno di un colore più chiaro?"

"Sì, sono per la tunica. Il mantello è più scuro."

Entrambe le donne lavorano insieme alla tinozza. Poi tirano fuori le bobine di un bel colore porpora, corrono rapidamente a immergerle in acqua ghiacciata in un piccolo recipiente sotto il sottile getto di acqua che borbotta lievemente, risciacquandole ancora ripetutamente e disponendole su canne legate ai rami degli alberi.

"Si asciugano bene e velocemente con questo vento." Dice Maria di Alfeo.

"Andiamo da Giuseppe. Deve esserci un fuoco dentro. Sarai gelata." Dice Maria. "E' stato molto gentile da parte tua aiutarmi. Ho fatto molto velocemente e senza lavorare troppo. Ti sono molto grata."

"Oh! Maria! Cosa non farei per Te! Esserti accanto è una grande gioia. E poi... tutto questo lavoro è per Gesù. E Lui è così caro, Tuo Figlio!... Mi sentirò come se fosse anche mio Figlio, se ti aiuterò con la Sua festa quando diventerà maggiorenne."

Le due donne entrano nella bottega che ha un profumo paradisiaco di legno piallato, la tipica bottega di un Carpentiere.


Gesù è cresciuto fino a diventare un ragazzo di dodici anni alto, forte, di buona corporatura, slanciato e bello, che dimostra più dei Suoi anni. Raggiunge già le spalle di Sua Madre ed ora sembra più un fratello minore della Sua giovanissima Madre. I suoi capelli biondi e ricci ora sono più lunghi, gli arrivano sotto le orecchie e sembrano un piccolo elmetto dorato formato interamente da ricci luminosi, un po' più scuri di quando era bambino, con riflessi ramati. Non ci sono più i graziosi riccioli della Sua infanzia né ancora i lunghi capelli ondulati della Sua età adulta che gli arrivavano alle spalle, terminando in un morbido grande riccio, ma somigliano già a questi ultimi nel colore e nello stile.

Il suo volto rosato e tondo è ancora il volto di un bambino ma in seguito, nella Sua giovinezza e poi nella Sua età adulta, diventerà più sottile e perderà il suo colore roseo per diventare di un tenue alabastro con una sfumatura di rosa giallognolo.

I suoi occhi ancora da bambino sono naturalmente grandi e spalancati, con un bagliore di gioia perso nella serietà del Suo sguardo. In seguito, non saranno più così aperti, le Sue ciglia li copriranno in parte per nascondere l'eccessiva cattiveria che vedrà nel mondo alla Sua Anima Pura e Santa. Solo quando opererà miracoli saranno aperti e luminosi, più splendenti di quanto non siano ora... per scacciare demoni, risvegliare morti, curare malattie e perdonare peccati.
Il bagliore di felicità misto alla serietà andrà anch'esso perduto in prossimità della morte, del peccato e dell'umana conoscenza dell'inutilità del Suo sacrificio a causa della mancanza di volontà e dell'avversione dell'uomo... Solo in rari momenti di gioia, quando si troverà con fedeli credenti, in particolare gente povera, soprattutto bambini, i suoi occhi santi, buoni e gentili

splenderanno ancora di gioia.
Ora è a casa con Sua Madre e Giuseppe, che sorridono amabilmente, i Suoi cuginetti che Lo ammirano e Sua zia, Maria di Alfeo, che gli dà una pacca... E' felice... Egli ha bisogno di amore per essere felice e, in questo momento, ha amore.

Indossa una bella tunica di lana di colore rosso rubino chiaro che Gli arriva alle caviglie, in modo che si intravedano solo i suoi piedi che indossano sandali. La tunica è larga, perfettamente tessuta nel suo spessore compatto e ha le maniche lunghe. Gli orli attorno al collo, le estremità delle maniche e il fondo che pende al suolo ha una bella greca, di una tonalità più scura, intessuta nel rosso rubino dell'indumento. E' molto bello e Maria di Alfeo ammira il lavoro di Maria e lo elogia.

I suoi sandali sono nuovi e ben fatti, non semplici come quelli che indossava da bambino.

"Ecco Tuo Figlio" dice Maria, sollevando la mano sinistra di Gesù con la Sua destra. Sembra presentarlo e confermare la Sua paternità allo stesso tempo. Gesù sorride. "Benedicilo, Giuseppe" aggiunge Maria "prima di partire per Gerusalemme. Non c'è stata nessuna benedizione rituale nella prima fase della Sua vita, perché non era necessario che Egli andasse a scuola. Ma ora che sta per recarsi al Tempio per esser proclamato maggiorenne, ti prego di benedirlo. E benedici Me con Lui. La tua benedizione..." Maria singhiozza dolcemente "... lo fortificherà e darà a Me la forza di distaccarmi un po' di più da Lui..."

"Maria, Gesù sarà sempre Tuo. La formalità non cambierà la nostra relazione reciproca. Né io mi accontenterò con Te per questo Figlio, a noi così caro. Nessuno merita, come Te, di guidarlo nella vita, O mia santa Sposa."

Chinandosi, Maria prende e bacia la mano di Giuseppe, la rispettosa amorevole sposa del Suo consorte!

Giuseppe riceve il segno di amore e rispetto con dignità, poi posa il palmo della mano che era stato baciato sulla testa di Lei dicendo solennemente: "Sì, io Ti benedico, O Benedetta, e benedico Gesù con Te... " e posa il palmo dell'altra mano sulla testa di Gesù "... Venite a me, mie uniche gioie, mio onore ed essenza della mia vita." Pronuncia Giuseppe sulle due teste chinate, ugualmente bionde e ugualmente sante "... Che il Signore Ti guardi e Ti benedica. Che Egli abbia misericordia di Te e Ti dia pace. Che il Signore Ti doni la Sua benedizione..." e poi aggiunge "... Ed ora, andiamo. L'ora è favorevole al viaggio."

Maria prende un mantello marrone scuro e lo drappeggia sul corpo di Suo Figlio, accarezzandolo teneramente mentre fa questo.

Chiudono la porta alle loro spalle e partono per Gerusalemme, con altri pellegrini che vanno nella stessa direzione.

Fuori dal villaggio le donne si separano dagli uomini ma i bambini sono liberi di andare dove vogliono. Gesù resta con Sua Madre.

I pellegrini attraversano il paese, bello in primavera, cantando salmi per la quasi tutto il tempo. I prati e le colture nei campi sono freschi e le foglie sugli alberi hanno appena cominciato a fiorire. Nei campi lungo la strada gli uomini cantano con loro ed anche gli uccelli cantano le loro canzoni d'amore sui rami degli alberi. Il limpidi ruscelli riflettono, come specchi, i fiori sulle loro rive e gli agnellini saltano qua e là restando vicini alle loro madri. C'è pace e felicità sotto il più amabile cielo di Aprile...

# Gesù Esaminato al Tempio quando Diventa Maggiorenne

E' la festa del Pane Azzimo (Pesach) e dura sette giorni. Il primo e l'ultimo giorno di preghiera sono i più importanti, così i pellegrini restano a Gerusalemme per tutta la durata.

C'è gente che girovaga dentro e fuori dalle porte di recinzione del Tempio, che attraversa cortili, atrii, portici, che scompare in questo o quell'altro edificio sui vari piani, all'interno del volume del Tempio.

Il gruppo della famiglia di Gesù entra cantando salmi e bassa voce, gli uomini davanti e le donne dietro. Altri si sono uniti a loro, forse da Nazaret o Gerusalemme.

Le donne si fermano al pianerottolo inferiore e gli uomini continuano fino al punto dove venerano l'Altissimo.

Poi Giuseppe si separa degli altri e, con suo Figlio, torna

indietro di qualche metro ed entra in una stanza che sembra una sinagoga. Parla con un Levita, che scompare dietro una tenda tirata e torna con alcuni sacerdoti più anziani; Dottori della Legge, incaricati di esaminare i credenti.

Gesù e Giuseppe si inchinano entrambi dinanzi ai dieci Dottori, che si siedono con dignità su bassi sgabelli di legno.

"Ecco." Dice Giuseppe "Questo è mio Figlio. Tre mesi e dodici giorni fa, Egli ha raggiunto l'età che la legge prescrive per diventare maggiorenne. Ed io voglio che Egli ottemperi alle prescrizioni di Israele... Vi chiederei di notare che la Sua costituzione dimostra che Egli non è più nell'infanzia o nella minore età... E vi chiedo di esaminarlo gentilmente e lealmente, per giudicare che ciò che io, Suo padre, ho qui affermato, è la verità. L'ho preparato a questa ora e a questa dignità di Figlio della Legge. Egli conosce i precetti, le tradizioni, le decisioni, i costumi delle frange\* e dei filatteri\*\*, sa recitare le preghiere quotidiane e le benedizioni...

\* frange annodate indossate agli angoli dello scialle da preghiera per ricordare agli Ebrei i comandamenti di Dio.
\*\* una piccola scatola di cuoio che contiene i testi Ebrei su pergamena, indossata dagli uomini Ebrei nella preghiera mattutina per ricordare loro di osservare la legge

... pertanto, poiché Egli conosce la legge in quanto tale e nei suoi tre rami di Halakhah, Midrash e Haggadah, è in grado di comportarsi da uomo. Pertanto, io desidero essere libero dalle responsabilità delle Sue azioni e dei Suoi peccati. Da ora innanzi, Egli dovrà sottostare ai precetti e dovrà pagare Egli stesso le punizioni per i Suoi sbagli nei confronti di essi. Esaminatelo."

"Lo faremo. Vieni avanti, Fanciullo. Qual è il tuo nome?"

"Gesù di Giuseppe, da Nazaret."

"Un Nazareno... Sai leggere quindi?"

"Sì, rabbino, so leggere le parole scritte e quelle interpretate dalle parole stesse."

"Cosa intendi?"

"Intendo dire che comprendo anche il significato dell'allegoria o del simbolo che è nascosto sotto l'apparenza, come una perla non appare ma si trova all'interno di un brutto guscio chiuso."

"Una risposta abile e molto saggia. Raramente sentiamo questo dalle labbra degli adulti; in un bambino e un Nazareno per giunta!..."

L'attenzione dei dieci è stata risvegliata e i loro occhi non perdono di vista per un istante il bel Bambino biondo, che li guarda sicuro di Sé, senza né sfrontatezza né timore.

"Tu onori il Tuo maestro che, certamente, è stato letto con profondità."

"La Saggezza di Dio è stata raccolta nel suo giusto cuore."

"Ma ascolta questo! Tu sei un uomo felice, padre di un tale Figlio!"

Giuseppe, dal suo posto in fondo alla stanza, sorride e si inchina.

Essi danno a Gesù tre rotoli, ciascuno legato con un nastro di colore diverso.

"Leggi quello chiuso dal nastro dorato."

Gesù apre il rotolo e legge. E' il Decalogo - i Dieci
Comandamenti - ma dopo alcune parole, uno dei giudici
Gli toglie il rotolo dicendo "Vai avanti a memoria."
Gesù continua, sicuro di sé come se stesse leggendo e, ogni
volta che menziona il Signore, si inchina profondamente.

"Chi ti ha insegnato questo? Perché fai questo?"

"Perché il Nome è santo e deve essere pronunciato con un
segno di rispetto interiore ed esteriore. I sudditi si
inchinano al loro re, che è re solo per breve tempo ed è
polvere. Al Re dei re, l'Altissimo Re di Israele, Che è
presente anche se è visibile solo allo spirito, non dovrebbe
ogni creatura inchinarsi in quanto ogni creatura dipende da
Lui con eterna sudditanza?"

"Molto in gamba! Buon uomo: ti suggeriamo di far educare
Tuo Figlio da Hillel o Gamaliel. E' un Nazareno... ma le
Sue risposte ci danno la speranza che Egli diventi un
nuovo grande dottore."

"Mio Figlio è maggiorenne. Deciderà secondo la Sua
volontà. Se la Sua decisione sarà onesta, non mi opporrò
ad essa."

"Ascolta, Fanciullo, Tu hai detto: 'Ricordati di santificare le
feste. Non solo per te stesso, ma anche per tuo figlio e tua

figlia, il tuo servo e la tua ancella, anche per il tuo cavallo si dice che non debbano lavorare durante gli Shabbat.' Ora dimmi: se una gallina depone un uovo durante uno Shabbat o una pecora partorisce durante uno Shabbat, sarà legale usare il frutto del suo grembo, o sarà considerato un evidente comportamento sbagliato?"

"So che molti rabbini, Shammai è l'ultimo di essi ed è ancora vivo, dicono che un uovo deposto durante uno Shabbat è contrario a quel precetto. Ma io credo che ci sia una differenza tra l'uomo e gli animali o chiunque compia un atto naturale come partorire... Se io obbligo un cavallo a lavorare, sono responsabile del suo peccato, perché lo obbligo a lavorare con una frusta... Ma se una gallina depone un uovo che è maturato nel suo ovaio, o una pecora partorisce un agnello durante uno Shabbat, perché è pronto a nascere, no, questo atto non è un peccato... Né l'uovo deposto né l'agnello nato durante uno Shabbat sono un peccato agli occhi di Dio."

"Ma perché, se qualunque tipo di lavoro è un peccato durante uno Shabbat?"

"Perché concepire e partorire corrispondono alla volontà del Creatore e adempiono alle leggi che Egli ha disposto per ogni creatura... Ora, la gallina non fa altro che obbedire alla legge secondo la quale, dopo così tante ore di crescita, un uovo è completo e pronto per essere deposto...

Ed anche la pecora obbedisce alle leggi disposte per essa da Colui Che ha creato tutto, secondo le quali leggi due volte l'anno, quando la primavera è nei campi in fiore e quando gli alberi nella foresta perdono le loro foglie e gli uomini si coprono bene per il freddo intenso, le pecore dovrebbero accoppiarsi in modo che in seguito possano produrre latte, carne e formaggio nutriente, nelle stagioni opposte dell'anno. Cioè, nei mesi in cui la fatica per il raccolto è più dura o la desolazione è più dolorosa per il gelo. Se quindi una pecora, quando è ora, partorisce un agnellino, oh! Un agnellino può anche essere sacrificato sull'altare, perché è un frutto dell'obbedienza al Creatore."

"Non Lo esaminerei ulteriormente. La Sua saggezza è più grande di quella di molta gente adulta ed è davvero sorprendente."

"No. Ha detto che è capace anche di comprendere i simboli. Ascoltiamolo."

"Prima, lasciamogli recitare un salmo, le benedizioni e le preghiere."

"Anche i precetti."

"Sì, ripeti i Midrashot."

Gesù ripete una lunga litania di "Non fare questo... Non

fare quello..." senza alcuna esitazione.

"E' sufficiente. Apri il rotolo con il nastro verde."

Gesù lo apre ed è sul punto di leggere...

"Più avanti, sì, più avanti."

Gesù obbedisce.

"E' sufficiente. Ora leggi e spiegalo, se pensi che contenga un simbolo."

"Nella Parola Sacra, manca raramente. Siamo noi che non riusciamo a vederlo e ad applicarlo. Leggo: Quarto Libro dei Re, Capitolo ventidue, verso dieci: 'Allora Shaphan, il segretario, informò il re dicendo: «Hilkiah, il Sommo Prete, mi ha dato un libro»; e Shaphan lo legge a voce alta in presenza del re. Ascoltando il contenuto della legge di Dio, il Re strappò le sue vesti e diede il seguente...'"

"Leggi dopo tutti i nomi."

"... Il seguente ordine: «Va a consultare Yahweh , a nome mio e del popolo, a nome dell'intera giudea, sul contenuto di questo libro che è stato trovato. Sarà davvero grande la rabbia di Yahweh che divamperà contro di noi perché i nostri antenati non obbedirono a ciò che dice questo libro, praticando tutto ciò che vi è scritto...»"

"E' sufficiente. Ciò avvenne molti secoli fa. Quale simbolo trovi in un evento di storia antica?"

"Trovo che il tempo non possa esser messo in relazione con ciò che è eterno. E Dio è eterno. E la nostra anima è eterna. Ed anche la relazione tra Dio e la nostra anima è eterna. Pertanto ciò che ha dato origine alla punizione allora, è la stessa cosa che dà origine a una punizione ora, e gli effetti dell'errore sono gli stessi."

"Cioè?"

"Israele non è più consapevole della Saggezza che proviene da Dio. E' a Lui, e non ai poveri, che dobbiamo richiedere la luce. E' non è possibile avere luce se non c'è giustizia e lealtà a Dio... E' per questo che gli uomini peccano, e Dio, nella Sua rabbia, li punisce."

"Non siamo più consapevoli? Ma cosa stai dicendo, Fanciullo? E i seicentotredici precetti?"

"I precetti esistono, ma sono semplici parole; le conosciamo ma non le mettiamo in pratica... ecco perché non ne siamo consapevoli. Questo è il simbolo; ogni uomo, in ogni tempo, deve consultare il Signore per conoscere la Sua volontà e adempiere ad essa per evitare di attirare la Sua rabbia su se stesso."


"Il Fanciullo è perfetto. Nemmeno la trappola della domanda a trabocchetto Lo ha turbato nella risposta. Portiamolo alla vera sinagoga."

Si recano in una stanza più grande e più sontuosa, dove la prima cosa che fanno è accorciargli i capelli e Giuseppe raccoglie i Suoi grandi ricci.
Poi legano la Sua tunica rossa con una lunga fascia avvolta varie volte attorno alla vita e legano alcune piccole frange alla Sua fronte, al braccio e al mantello, fissandole con delle borchie. Poi cantano salmi e Giuseppe loda il Signore con una lunga preghiera, invocando tutte le benedizioni su suo Figlio.

Finita la cerimonia, Gesù va con Giuseppe a riunirsi ai loro parenti uomini, comprano un agnello e lo offrono come vittima sacrificale prima di riunirsi alle donne.

Maria bacia Gesù come qualcuno che non vede da molti anni. Lo guarda, ora più mascolino nei Suoi vestiti e nello stile dei Suoi capelli, e gli dà una pacca...

Poi escono.

# Gesù Si Perde a Gerusalemme

Dopo la celebrazione di sette giorni la sacra famiglia, assieme agli altri pellegrini che erano venuti da Nazaret, si raggruppa per partire da Gerusalemme e tornare a Nazaret. Ancora una volta, come al solito, gli uomini si separano dalle donne, lasciando i bambini liberi di andare con uno dei due genitori. Gesù coglie questa opportunità per sottrarsi a entrambi i Suoi genitori a loro insaputa. Giuseppe suppone che il Bambino sia con Sua Madre, come avviene di solito, non prendendo in considerazione nemmeno per un momento che Maria possa andare senza di Lui, dato il Suo grande amore per Lui.

Maria, da parte sua, ha meno ragioni per supporre che Gesù sia con Giuseppe, ma il Signore Stesso distrae così tanto i Suoi pensieri con riflessioni sante e divine che la Sua assenza, all'inizio, passa inosservata. Quando, alla fine, nota l'assenza di Suo Figlio accanto a Sé, suppone allora che Gesù sia rimasto accanto a Giuseppe per confortarlo.

Così fiduciosi, Maria e Giuseppe viaggiano per un giorno intero e i pellegrini si diradano man mano che prendono strade diverse. Alla fine Giuseppe e Maria si incontrano nel posto stabilito la prima sera dopo aver lasciato Gerusalemme. E' stata una lunga giornata di cammino; i letti sono pronti per il riposo dei pellegrini. Il cibo è stato preparato ed è pronto ad essere distribuito. Solo allora si accorgono che Gesù non è con nessuno dei due genitori. Essi ammutoliscono dallo stupore e per un po' nessuno dei due riesce a parlare. Poi Maria comincia a tremare, il Suo volto impallidisce, i Suoi occhi si spalancano ma non c'è nessuna crisi di lacrime e pianto. Mossi dalla profonda umiltà come sono, ciascuno dei due genitori è sopraffatto dal risentimento verso se stesso per aver trascurato di badare a Gesù, con ciascuno che rimprovera se stesso per la Sua assenza. Quando rinvengono un po' dal loro sbigottimento, con grande dolore, si consultano sul da farsi.

"... Il mio cuore non può aver pace, se non ritorniamo in tutta fretta a Gerusalemme a cercare il mio santissimo Figlio." Dice Maria.

Cominciano la ricerca dalla famiglia e dagli amici, ma nessuno ha visto Gesù dalla partenza da Gerusalemme e le loro risposte non fanno che aumentare l'ansia di Maria e Giuseppe. Non si fermano a mangiare e, benché sia buio, ritornano a Gerusalemme, fermando le carovane e i pellegrini sulla strada e interrogandoli. E' un altra lunga giornata di cammino verso Gerusalemme e poi comincia la febbrile ricerca nella città.

Tra lacrime e lamenti, proseguono per tre giorni interi, senza cibo e sonno, pieni di dolore e ansia. Durante questi tre giorni, il Signore abbandona Maria alle sue risorse e grazia naturali, privandola di privilegi speciali, ad eccezione della compagnia degli angeli. E persino in tale profonda afflizione Maria non perde la Sua pace, né ha pensieri irosi, né si permette espressioni improprie. E neanche viene meno alla Sua riverenza e alla lode per il Signore, né interrompe le Sue preghiere e le richieste per la razza umana,


Per disposizione di Dio, Maria non sa dove cercare per molte ore. Non ha senso che Ella cerchi il Bambino al Tempio dove, se si fosse perso in città e vi fosse stato ricondotto, avrebbe pianto per Sua Madre e avrebbe attratto l'attenzione della gente o dei Sacerdoti che Lo avrebbero aiutato a trovare Sua Madre con avvisi lasciati ai cancelli.


Sebbene i mille angeli di guardia a Maria siano testimoni del Suo dolore, non Le danno alcun indizio per aiutarla a trovare il Bambino. Avendo concordato di dividersi per ricoprire un'area di ricerca più vasta, Giuseppe e Maria cercano nelle strade e nei viali di Gerusalemme, descrivendolo come "bello", "biondo", "forte" ma ce ne sono tanti così, che è troppo poco perché qualcuno possa dire di averlo visto da qualche parte.

Decide di andare a Betlemme sperando di poterlo trovare nella grotta della Natività ma gli angeli glielo impediscono dicendole che non è lontano.
Non trova niente che indichi che Erode Archelao - il figlio di Erode il Grande che ha assunto il potere nel 4 a.C. - abbia preso Gesù come prigioniero e comincia a credere fermamente che Egli si trovi con Giovanni Battista.
Il terzo giorno decide di andarlo a cercare dove si trova Giovanni, ma gli angeli glielo impediscono dicendole che Suo Figlio non è con Giovanni.

Maria giudica dalle risposte degli angeli che essi sappiano dove si trovi Suo Figlio, ma che Le nascondano l'informazione per ordine del Signore. Continuano la loro ricerca a Gerusalemme.

Una donna conferma che un bambino corrispondente a quella descrizione è arrivato alla sua porta il giorno prima chiedendo l'elemosina, che ella ha dato ed è stata rapita dalla grazia e dalla bellezza del bambino, dicendo:

"Quando Gli ho dato l'elemosina, mi sono sentita sopraffatta dalla compassione nel vedere un Bambino così grazioso in povertà e bisogno".

Questa è la prima notizia che Maria riceve del Suo Adorato a Gerusalemme e Le dà un po' di conforto. Ella continua la Sua ricerca e incontra altri che parlano ancora di Lui ed Ella segue questa scia di informazioni, che La porta all'ospedale della città, poiché Ella valuta che Gesù potrebbe trovarsi tra gli afflitti. All'ospedale viene a sapere che un Bambino che corrisponde a quella descrizione è venuto in visita, ha lasciato elemosina e consolato molti. Questi racconti danno luogo ai più dolci e affettuosi sentimenti nel cuore di Maria ed Ella invia questi dolci sentimenti dal profondo del Suo cuore come messaggeri al Suo Figlio perduto.

Solo allora Le sovviene il pensiero che se Egli non si trova con i poveri, allora non c'è dubbio che si trovi al Tempio, la casa di Dio e della preghiera.

Gli angeli incoraggiano tale pensiero dicendole che l'ora della Sua consolazione è vicina e sollecitandola ad affrettarsi al Tempio. Giuseppe, che è stato anch'egli afflitto dal dolore negli ultimi tre giorni, precipitandosi qua e là, a volte con Maria, altre volte da solo, senza cibo o riposo, è richiamato anch'egli al Tempio da un altro angelo e si ricongiunge a Maria.

Questi tre giorni di angoscia per Maria e Giuseppe sono il simbolo di altri tre giorni di futura angoscia.

Alla fine dei tre giorni Maria, esausta, entra nel Tempio, cammina lungo i cortili e gli atri. Nulla. Corre, povera Madre, fin quando non sente la voce di un Bambino ed anche i belati degli agnelli Le danno l'impressione di sentire il Suo Bambino che piange e La cerca. Ma Gesù non sta piangendo. Sta insegnando.

# Gesù Discute con i Dottori nel Tempio

E' il terzo giorno da quando Gesù è tornato indietro alle porte della Città avendo appreso la volontà del Padre. Precipitandosi indietro attraverso le strade Egli conosce, per la Sua previsione divina, la sofferenza che ciò provocherà e offre tale sofferenza al Padre a beneficio delle anime. Allora per tre giorni Egli chiede l'elemosina e la porta ai poveri, consolando sia coloro che Gli danno l'elemosina sia coloro che la ricevono. Egli visita l'ospedale e guarisce molti nel corpo e nell'anima, illuminandoli e riconducendoli sulla strada della salvezza. E' nel terzo giorno che Egli torna al Tempio per una lezione predestinata dalla Provvidenza.


Gesù, in una tunica bianca lunga fino ai piedi e sovrastata da un pezzo di stoffa rettangolare di colore rosso chiaro, è appoggiato ad un muro basso su una via minore che prosegue in salita e in discesa da dove Egli si trova. La strada è disseminata di pietre e c'è un fosso al centro di essa che deve tramutarsi in un rigagnolo quando piove. Per ora la strada è asciutta perché è un'adorabile giornata di primavera e Gesù sorride dolcemente ma è piuttosto serio, guardando intorno e in basso verso un gruppo di case di forma irregolare; alcune alte, altre basse, e sono tutte disseminate in ogni direzione, come una manciata di pietre bianche lanciate distrattamente su un terreno scuro, con strade e viottoli come vene in contrasto a tutto quel biancore. Qua e là, delle piante fuoriescono dalle mura; alcune fiorite, altre già coperte di nuove foglie.

Alla Sua sinistra si trova la costruzione imponente del Tempio, disposta su tre insiemi di terrazze coperte di edifici, torri, cortili e portici, al centro dei quali si trova l'edificio più alto e maestoso con le sue cupole rotonde che splendono al sole, come se ricoperte di rame e oro. L'intero complesso è racchiuso da mura fortificate con merli simili a quelli di una fortezza. Una torre più alta delle altre, costruita su una stretta strada in salita, domina una vista chiara dell'imponente edificio - Il Tempio - e ha l'aria di una sentinella dalla mano pesante.

Gesù osserva la torre, poi si gira e si appoggia contro il muro basso come aveva fatto prima, ed ora guarda una collinetta di fronte all'edificio - dove la strada termina con un arco - con la base gremita di case che ne lasciano spoglia la parte restante.

Oltre l'arco c'è una strada pavimentata con pietre quadrate, che sono larghe e disomogenee. Mentre Gesù guarda, il Suo volto si fa più serio e si rannuvola di tristezza.

Ci sono vaste moltitudini raccolte nei cortili, attorno alle fontane, nei portici e nei padiglioni nel complesso del Tempio, ebrei che parlano ad alta voce e intenti a varie attività.

I farisei in lunghe vesti abbondanti, sacerdoti in ampi indumenti bianchi legati in vita da cinture preziose e con placche preziose sul torace e sulla fronte, con altri punti luminosi qua e là sulle loro tonache screziate. E molti altri, della casta sacerdotale, ma in indumenti meno ornamentali, a loro volta circondati da discepoli più giovani. Questi sono i dottori della legge.

I dottori sono disposti in gruppi che discutono di teologia. Uno dei gruppi è guidato da un dottore chiamato Gamaliel, che è supportato da un uomo anziano, quasi cieco, chiamato Hillel, che è forse un insegnante o un parente di Gamaliel a giudicare dalla rispettosa familiarità con cui Gamaliel tratta l'anziano uomo. Il gruppo di Gamaliel è più piccolo e meno conservatore nelle loro idee, in contrapposizione a un altro gruppo più numeroso guidato da un dottore chiamato Shammai, noto per la sua intolleranza conservatrice e piena di risentimento.

Circondato da un gruppo compatto di discepoli, Gamaliel parla del Messia e, basando le sue osservazioni sulla profezia di Daniele, afferma che il Messia deve essere già nato, perché le settanta settimane profetizzate dal tempo in cui il decreto per la ricostruzione del tempio fu emanato, sono trascorse da circa dieci anni.

Ma Shammai non è d'accordo e replica che se è vero che il Tempio è stato ricostruito, allora è anche vero che Israele è diventata più schiavizzata e la pace che Colui Che i profeti chiamavano "Principe della Pace" doveva portare, è piuttosto lontana dall'essere nel mondo e a Gerusalemme in particolare. La Città è infatti oppressa da un nemico così ardito da esercitare il suo dominio all'interno delle mura del Tempio, che sono esse stesse dominate dalla Torre Antonia, piena di legionari romani che sono pronti a contenere con le loro spade qualunque rivolta possa esplodere per l'indipendenza del paese.

E così la disputa si trascina senza fine, piena di pedanti obiezioni, con tutti i dottori che mettono in mostra le loro conoscenze, non tanto per battere i loro oppositori ma piuttosto per esibirsi per l'ammirazione degli ascoltatori. I loro intenti sono piuttosto ovvi.

Poi arriva la voce pulita di un ragazzo dal gruppo compatto di credenti:

"Gamaliel ha ragione."

C'è movimento nella folla e nel gruppo di dottori mentre cercano chi li ha interrotti. Non c'è bisogno di cercare perché Egli non si nasconde, ma si fa strada attraverso la folla, avvicinandosi al gruppo di rabbini. E' Gesù, sicuro di sé e schietto, con gli occhi che sprizzano intelligenza.

"Chi sei?" Gli chiedono.

"Sono un figlio di Israele, che è venuto ad adempiere ciò che la legge prescrive."
La sua ardita risposta schietta Gli fa guadagnare sorrisi di approvazione e favore mentre si interessano al giovane Israelita.

"Qual è il tuo nome?"

"Gesù di Nazaret."

La gentilezza scompare nel gruppo di Shammai ma Gamaliel, più benevolo, continua la sua conversazione con Hillel, suggerendo che l'anziano uomo chieda qualcosa al ragazzo.

"Su che cosa basi la Tua certezza?" chiede Hillel.

"Sulla profezia, che non può sbagliare sul tempo e sui segni che si sono verificati al tempo in cui si è avverata..." risponde Gesù "... è vero che Cesare ci domina, ma il mondo e la Palestina erano in una tale pace quando le settanta settimane sono terminate, che è stato possibile per Cesare ordinare un censimento nei suoi domini. Se ci fossero state guerre nell'impero e rivolte in Palestina, non sarebbe stato in grado di farlo...

... Come è finito quel periodo, così è finito anche l'altro periodo di sessantadue settimane più una dal completamento del Tempio, così che il Messia può essere consacrato e il resto della profezia può avverarsi per la gente che non Lo voleva...

... Potete dubitarne? Ricordate la stella che fu avvistata dai Saggi dell'Est e si fermò sul cielo di Betlemme di Giuda, e che le profezie e le visioni, da Giacobbe in poi, indicano quel posto come quello destinato ad essere il luogo di nascita del Messia, figlio del figlio del figlio di Giacobbe, attraverso Davide, che era di Betlemme?...

... Ricordate Balaam? ... 'Una stella nascerà da Giacobbe.' I Saggi dell'Est, la cui purezza e fede aprirono loro gli occhi e le orecchie, videro la Stella e ne compresero il Nome: 'Messia', ed essi vennero a venerare la Luce che era discesa sul mondo."

"Intendi dire che il Messia nacque a Betlemme Efrata al tempo della Stella?" chiede Shammai, guardando Gesù.

"Sì."

"Allora non esiste più. Non sai, Fanciullo, che Erode fece massacrare tutti i bambini di età compresa tra un giorno e due anni, a Betlemme e dintorni?..." Chiede Shammai. "... Tu che sei così saggio sulle Scritture, dovresti conoscere anche questa: 'Una voce si ode a Ramah... è Rachele che piange per i suoi bambini.' Le valli e le colline di Betlemme, che raccolsero le lacrime di Rachele morente, furono lasciate piene di lacrime, e le madri hanno pianto ancora sui loro bambini massacrati. Tra esse c'era certamente la Madre del Messia."

"Ti sbagli, anziano..." dice Gesù "... il pianto di Rachele si tramutò in osanna perché là dove ella diede alla luce il 'figlio del suo dolore', la nuova Rachele ha dato al mondo il Beniamino del Padre Paradisiaco, il Figlio della Sua mano destra, Lui, Che è destinato a radunare il popolo di Dio sotto il Suo scettro e liberarlo dalla schiavitù più terribile."

"Come è possibile se Egli fu ucciso?" ribatte Shammai.

"Non hai letto Elia..." chiede Gesù "... Egli fu trasportato dal carro di fuoco. E potrebbe il Signore Dio non aver salvato il Suo Emmanuele, in modo Che possa essere il Messia del

Suo popolo? ... Egli, Che spartì le acque innanzi a Mosè, in modo che Israele potesse avanzare sul suolo asciutto verso la sua terra, potrebbe Egli non aver mandato i Suoi angeli a salvare Suo Figlio, il Suo Cristo, dalla ferocia degli uomini?...

... Io vi dico solennemente:... " e Gesù solleva e distende il Suo braccio destro in un gesto di autorità e promessa, la Sua voce è un suono acuto che riempie l'aria, i Suoi occhi più splendenti che mai "... Il Cristo è vivo ed è tra voi... E quando arriverà la Sua ora, Egli si rivelerà nella Sua potenza." E Gesù abbassa il braccio come uno che ha fatto un giuramento. E la Sua solennità, sebbene sia un fanciullo, è quella di un uomo.

"Fanciullo, chi ti ha insegnato queste parole?" Chiede Hillel.

"Lo spirito di Dio. Non ho un insegnante umano. Questa è la parola del Signore Che parla a voi attraverso le mie labbra."

"Vieni accanto a noi, in modo che possa vederti, Fanciullo, e la mia speranza possa essere ravvivata dalla Tua fede e la mia anima illuminata dalla luminosità della Tua."

Fanno sedere Gesù su uno sgabello tra Gamaliel e Hillel e Gli danno alcune pergamene da leggere e spiegare. E' un vero e proprio esame e la gente si affolla ad ascoltare.

Gesù legge con voce limpida: "Consolatevi, mio popolo. Parlate al cuore di Gerusalemme e richiamate la sua attenzione perché il suo servizio è terminato... Una voce urla nella solitudine: ' Preparate una strada per il Signore... allora la gloria del Signore sarà rivelata...'"

"Vedi che, Nazareno..." dice Shammai "... qui si riferisce a una schiavitù terminata, ma non siamo mai stati schiavi come lo siamo ora. E non fa menzione del precursore. Dov'è? Stai dicendo sciocchezze."

"Io vi dico, che il monito del precursore dovrebbe essere indirizzato a voi più che a chiunque altro..." risponde Gesù "... A voi e a quelli come voi. Altrimenti, voi non vedrete la gloria del Signore, né comprenderete la parola di Dio perché la grettezza, l'orgoglio e la falsità vi impediranno di vedere e di sentire.

"Come osi parlare così a un maestro?" Chiede Shammai, oltraggiato.

"Io parlo così. E così parlerò anche alla Mia morte, perché al di sopra di Me ci sono gli interessi del Signore e l'amore per la Verità, di cui Io sono il Figlio... E aggiungo, rabbino, che la schiavitù di cui parla il profeta e di cui parlo Io, non è quella a cui tu pensi, né la lealtà è quella che tu consideri...

*... Al contrario, per merito del Messia, l'uomo sarà liberato dalla schiavitù del Male, che lo separa da Dio, e il segno di Cristo sarà sugli spiriti, liberati dal giogo e resi sudditi del regno eterno...*

*... Tutte le nazioni chineranno il capo, o famiglia di Davide, dinanzi al Virgulto nato da te e che crescerà in un albero che copre il mondo intero e si innalza al Paradiso... E nel Paradiso e sulla Terra ogni bocca loderà il Suo nome e si inginocchierà dinanzi all'Unto del Signore, il Principe dalla Pace, la Guida, dinanzi a Lui,* **Che donando Se stesso** *riempirà di gioia e nutrimento ogni anima avvilita e affamata, davanti al Santo* **Che stabilirà un'alleanza tra il Paradiso e la Terra**... Non come l'Alleanza fatta con gli anziani di Israele quando Dio li condusse fuori dall'Egitto, trattandoli ancora da schiavi, *ma infondendo una paternità paradisiaca nelle anime degli uomini con la Grazia instillata per merito del Redentore*, attraverso il Quale *tutta la buona gente conoscerà il Signore e il Santuario di Dio non sarà più demolito e distrutto."*

"Non essere blasfemo, Fanciullo! ..." urla Shammai "... Ricorda Daniele. Egli afferma che dopo la morte di Cristo il tempio e la Città saranno distrutti da un popolo e da un capo che verrà da lontano... E Tu sostieni che il santuario di Dio non sarà più demolito! Rispetta i Profeti!"

"Io vi dico solennemente che esiste Qualcuno al di sopra

dei Profeti, e voi non Lo conoscete e non Lo conoscete perché non volete... E vi dico che ciò che ho detto è vero. *Il vero Santuario non sarà soggetto alla morte. Ma come il suo santificatore si eleverà alla vita eterna e alla fine del mondo vivrà in Paradiso."*

"Ascoltami, Fanciullo..." dice Hillel "... Aggeo dice: '... Colui che è atteso dalle nazioni arriverà... grande sarà allora la gloria di questa casa, e di quest'ultima più della precedente.' Si riferisce forse al Santuario di cui Tu parli?"

"Sì, maestro..." risponde Gesù "... E' ciò che intende. La tua onestà ti guida verso la Luce ed io ti dico: quando il sacrificio di Cristo sarà compiuto, tu avrai pace perché se un israelita senza malvagità."

"Dimmi, Gesù..." chiede Gamaliel "... Come si può sperare nella pace di cui parlano i Profeti, se tramite la guerra arriverà la distruzione per questo popolo? Parla e illumina anche me."

"Ricordi, maestro, cosa dissero coloro che erano presenti la notte della nascita del Cristo?" Chiede Gesù. "Che gli angeli cantarono: *'Pace agli uomini di buona volontà'* ma questo popolo non è di buona volontà e non avrà pace. Non riconoscerà il suo Re, l'Uomo Giusto, il Salvatore, perché si aspetta che Egli sia un re con poteri umani, *mentre Egli è il Re dello spirito.* Non Lo ameranno, perché non gli piacerà ciò che Cristo predica. Cristo non sconfiggerà i loro nemici con i loro carri e i loro cavalli. *Egli, invece, sconfiggerà i nemici dell'anima, che tentano di imprigionare nell'inferno il cuore dell'uomo che fu creato dal Signore...* E questa non è la vittoria che Israele si aspetta da Lui. Il tuo re verrà, Gerusalemme, a cavallo di un 'asino' e di un 'vitello', cioè la gente giusta di Israele e i gentili... Ma io vi dico che il vitello sarà più fedele a Lui e Lo seguirà precedendo l'asino e crescerà sulle vie della Verità e della vita. *A causa della sua volontà malvagia, Israele perderà la sua pace e soffrirà per secoli e farà soffrire il suo Re e lo renderà il Re del dolore di Cui parla Isaia.*"

"La tua bocca sa di latte e blasfemia allo stesso tempo, Nazareno..." Lo accusa Shammai "... dimmi: dov'è il precursore? Quando lo abbiamo avuto?"

"Egli esiste" risponde Gesù. "Non dice Malachia: 'Ecco che invio il Mio messaggero a preparare la strada innanzi a Me; e il Signore che state cercando entrerà improvvisamente nel Suo Tempio, e l'angelo dell'Alleanza Che state cercando'? ... *Pertanto, il Precursore precede immediatamente Cristo. Egli esiste già, come anche Cristo. Se dovessero trascorrere anni tra colui che prepara le strade per il Signore e Cristo, tutte le strade diventerebbero di nuovo ostruite e contorte.* Dio sa e predispone che il Precursore dovrebbe precedere il Maestro di *una sola ora*... Quando vedrai questo Precursore, sarai in grado di dire: 'La missione di Cristo sta iniziando' E io ti dico: Cristo aprirà molti occhi e molte orecchie quando passerà di qui. Ma Egli non aprirà i tuoi o quelli della gente come te, perché voi darete la morte a Colui che vi sta portando la vita... Ma quando il Redentore sederà sul Suo trono e sul Suo altare, più in alto di questo Tempio, più in alto del Tabernacolo racchiuso nel Luogo Santissimo, più in alto della Gloria sorretta dal Cherubino, ... Maledizioni per i deicidi e vita per i gentili sgorgherà dalle sue migliaia e migliaia di ferite, perché Egli, o maestri, che ne siete inconsapevoli, non è, ripeto, non è il re di un regno umano, *ma un Regno spirituale... e i suoi sudditi saranno solo coloro che per la Sua salvezza impareranno a rigenerarsi nello spirito* e come Giona, dopo essere nati, *impareranno a rinascere, su altre rive: 'Le rive del Signore'* per mezzo di una rigenerazione spirituale che avrà luogo attraverso Cristo, Che donerà a all'umanità la vera vita."

"Questo Nazareno è Satana!" urlano Shammai e i suoi seguaci.

"No. Questo Fanciullo è un Profeta di Dio!" urlano Hillel e i suoi seguaci

"Resta con me, Fanciullo. La mia tarda età trasfonderà ciò che so nella Tua conoscenza e Tu sarai Maestro del popolo di Dio."

"Io ti dico solennemente che se esistessero molti come te, arriverebbe la salvezza per Israele. Ma la Mia ora non è ancora arrivata. *Voci dal Paradiso Mi parlano e in solitudine io devo raccoglierle finché arriverà la Mia ora.* Allora con le Mie labbra e il Mio sangue parlerò a Gerusalemme e il destino dei Profeti, da essa lapidati e uccisi, sarà anche il Mio destino...

... Ma al di sopra della mia vita c'è il Signore Dio, a Cui io Mi sottometto quale fedele servitore, per fare di Me uno scranno per la Sua gloria... attendendo che Egli renda il mondo uno scranno ai piedi di Cristo... *Attendimi alla Mia ora. Queste pietre sentiranno ancora la Mia voce e vibreranno ascoltando la Mia ultima parola...*"

E allora Maria, Che sta ancora cercando nel Tempio il Suo Adorato, sente la Sua voce, improvvisamente, oltre la barriera di un ampio gruppo di persone. Lo sente dire: "... *Queste pietre sentiranno ancora la Mia voce e vibreranno ascoltando la Mia ultima parola...*" Ella cerca di farsi strada tra la folla... nel frattempo Gesù sta ancora parlando...


"... Benedetti sono coloro che in quella voce hanno sentito Dio e creduto in Lui per questo. A loro, Cristo donerà quel regno che il vostro egoismo immagina essere un regno umano, mentre è un regno paradisiaco..."

E Gesù si alza in piedi in mezzo ai dottori esterrefatti e con le braccia distese e il volto sollevato verso il Paradiso, bruciante di ardore spirituale, continua...

"... e allora dico: *Ecco il Tuo servo Signore, Che è venuto a compiere la Tua volontà. Lascia che si compia, perché sono entusiasta di soddisfarla.*"

Dopo molti sforzi, Maria riesce a farsi strada tra le vaste

moltitudini. Ed ecco lì Suo Figlio, in piedi, con le braccia distese in mezzo ai dottori della legge. Da prudente Vergine che Ella è sempre, questa volta la Sua ansia è come un uragano che sovrasta persino la Sua prudenza ed Ella corre da Suo figlio, Lo abbraccia, sollevandolo dallo sgabello e mettendolo giù.

"Oh! Perché ci hai fatto questo!" Ella esclama "Ti abbiamo cercato per tre giorni. La Tua Mamma sta morendo dal dolore. Tuo padre è esausto dalla fatica. Perché, Gesù?"

Ma non si chiede "perché" a Colui Che sa. "Perché" si comporta in un certo modo. Perché quelli che hanno una vocazione lasciano tutto e seguono la voce di Dio. Gesù è Saggezza ed Egli sa; compiendo la missione per cui è chiamato, ponendo l'interesse del Padre Eterno al di sopra di quello del Suo padre e della Sua madre terreni.

E Gesù dice così a Maria, completando il Suo insegnamento ai dottori con una lezione alla Regina dei dottori.

Maria prende la lezione e la conserva nel Suo cuore. Le Sue parole profondamente radicate nella Sua mente.

E il sole comincia a splendere di nuovo nel Suo cuore ora che ha il Suo Gesù, umile e obbediente, accanto a Lei. Ci sarà molto sole e molte nuvole; grandi gioie e molte lacrime che si alterneranno nel Suo cuore durante i successivi ventuno anni. Ma mai più Ella chiederà "perché".

www.ingramcontent.com/pod-product-compliance
Lightning Source LLC
Chambersburg PA
CBHW061333040426
42444CB00011B/2899